描画心理学双書　第8巻

描画による 診断と治療

ジェラルド D. オスター・パトリシア・ゴウルド著

加藤孝正監訳

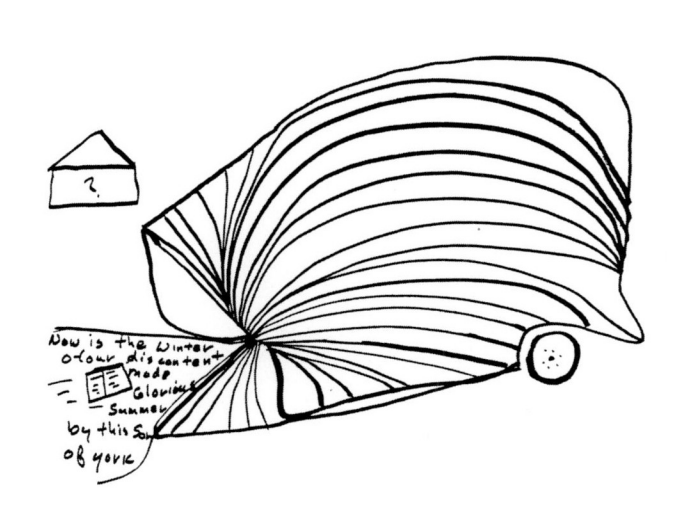

黎明書房

多大な関心と熱心な専門的支援をいただいたモーゼス・チャードコフ医学博士と，思慮深く並外れた思索家であるロバート・プリテュラ博士に感謝いたします。

ジェラルド D. オスター

スーザン・ゴウルド・ティディマンに感謝いたします。彼女はご自身が病気や死の危機状態にあった時でさえも，描画を用いたグループ治療を進められました。彼女の書くことへの愛情と献身は，私に素晴らしいインスピレーションを与えてくれました。

パトリシア・ゴウルド

Using Drawings in Assessment and Therapy

by

Gerald D. Oster and Patricia Gould

Copyright © 1987 by Gerald D. Oster and Patricia Gould
Japanese translation rights arranged with Brunner/Mazel Inc.
c/o Mark Paterson and Associates, Wivenhoe, Essex, U.K.
through Tuttle-Mori Agency, Inc., Tokyo

REIMEI SHOBO

はじめに

　現代の臨床家は，精神的健康（mental health）の実践に関係する実証的研究から得られた，増え続ける膨大な情報と向き合っている。例えば，生物学的研究と疫学的研究は，様々な精神障害の診断と治療への直接的な応用を伴った有意義な情報を提供している。
　これらの科学的進歩の真っ只中にあって忘れてならないのは，精神的健康に関する治療においても，精神的健康の提供者とクライエントとの間の治療関係は発展し，維持されていることである。しかし，この関係には多くの微妙な側面があり，クライエントは必ず個人として扱われなければならない。このことは特定の診断，特定の治療方法，あるいは採用されている理論的枠組に関係なく言えるところである。この治療関係を確立し維持していく試みの中で，臨床家が扱いが難しいクライエントに出会うことは避けがたいが，このような人の多くは治療においてどちらかと言えば非言語的な関わりをする人である。「想像力に富む」「投影力に富む」そして「視覚に富む」各種技法は，とかく非言語的だったり，ごく限られた情報しか提供してくれなかったり，言語手段を通してそのパーソナリティのより広い側面に到達することのできる道を与えてくれなかったりするクライエントを，評価し，関係を築き，扱うという状況の中において生まれてきたのである。
　オスターとゴウルドはここに1冊の本を著したわけだが，そこには様々なタイプのクライエントの診断と治療において，様々な治療的アプローチと関連して，また様々な治療時期において，描画法が臨床家にとって非常に優れた手法であることが示されている。本書『描画による診断と治療（*Using Drawings in Assessment and Therapy*）』は，価値あ

る臨床知見と有益な戦略を提供してくれており，また多くの観点から精神的健康のための描画の使用について考察している。それは非言語的治療法に関する文献に素晴らしい1冊が加わることであり，描画法を臨床実践においてどのように有効に用いることができるかということに関する知識を広げ，強めたいと願っている様々な背景を持つ臨床家にとって，間違いなく有益な資源となることがわかる。その意味で，本書はこの分野に対する大きな貢献であると言える。

医学博士 スチュワート・ガベル
精神科助教授
児童昼間病院，ニューヨーク病院，
コーネル医療センターの病棟チーフ
（ニューヨーク市ホワイトプレインズ，
ウエストチェスター区）

序　文

　描画の使用は，正しい診断を助け，治療を受けているクライエントのコミュニケーションと社会的経験を豊かにする補助具として，急速に進化している。簡潔で，脅威がなく，実施が容易で，解釈対象を豊富に生み出すことから，ロールシャッハやTATなどの投影法と比較しても，描画法は心理臨床家が日常的に使用する道具の中で最も使用頻度の高い補助具であると言えよう。描画法は，診断・評価過程を補助するものとして使用される以外にも，心理療法にもなくてはならない補助具として取り入れられている。描画は治療目標の具体的な表現の手段となり，また同時に怖れ，願望成就，空想を表現するための手段となる。描画はまた，自己価値を高めるためのコミュニケーション技能の発達過程における，フラストレーションと衝動に対処するための方法でもあり得るのである。

　診断・評価と治療のための描画では，何かを「自由」に描かせる場合がある。そこでは，主題の選択は完全にクライエントに任せられる。このタイプの描画は主として投影法的な意味合いを持たせるため，または創造的表現を伸ばすために使用される。また，「構造化された」描画課題が与えられる場合もあるだろう。この場合，臨床家はいくつかの標準または個人的準拠枠に照らして描画を判断するために，何を描くかについてより多くの制限を加える。このタイプの教示の例としては，精神的成熟やある種の気質性疾患を診断するためのデザインの模写や，感情的な葛藤のテーマを明確にし，治療目標の達成を助けるための，臨床家が要求した特定のトピックスの描画がある。

　本書では，描画とその教示を，それらが外来と入院両方の場合の個人や家族，グループ

の診断と治療に関わる臨床家に役立つことを強調するために，取り上げてある。各事例は，描画の様々な側面がいかに臨床に組み込まれ，そして応用されているかを示すために紹介した。説明は，臨床家のレパートリーに描画を加えることによって治療的相互関係を高めることが，いかに容易であるかの実例として加えてある。発達の遅れを見るためのスコアリング・システムについての部分は，診断過程への導入部として示し，詳述してある。また，今日多くの臨床家が診断・評価目的で使用している技法の例も取り上げた。家族システム理論とグループ治療技法の考察のためには，完全な説明を付けた特別の章を設けた。本書は，診断と治療における描画の価値を示すものであり，臨床家が描画をより正確に，一般的に，そして有意義な方法で使用することを可能にするものである。

　本書は5つの章により構成されている。その第1章では，アート表現の歴史と発展を取り上げ，またそれがいかにして精神保健専門家が理論的・臨床的関心を持つ重要なトピックスになったのかを述べた。この章では現在の描画の活用について，そこに関わる人や背景も含めて述べてある。そこでは，アート媒体が取り上げられ，そして著者らがなぜ本書の中で特に描画に注目したかについて，概説してある。

　第2章では，診断過程における描画の使用を取り上げた。ここでの強調点は，描画がいかにして，パーソナリティの相関はもとより，発達的成熟と認知的成熟の指標として進化してきたかを示すことにある。この章は特に，心理臨床家，小児科医，精神科医，アートセラピスト，そしてクライエントの現在の機能を診断する位置にある人に関係があるであろう。この章はまた，この章で取り上げている各種の技法と教示を用いることによって治療におけるクライエントの進歩を測定し，情報を収集したいと考えている人にとっても重要であろう。さらにこの章では，抵抗が起こった時にクライエントを治療関係に引き入れる様々な方法も紹介してある。診断過程に用いられる一般的な技法についても，事例とその説明と共に取り上げてある。

　第3章では，描画をどのように個人治療に使用することができるかを強調してある。治療過程についての考察の後に，治療を受けている人の表現を促すために用いることができる技法と教示の例を挙げてある。この章では，精神保健専門家が治療関係に描画を導入する場合によく考えなければならない重要な問題を概説してある。また，治療に描画を使用する場合に出会うことが予想される様々な感情的な問題について，多くの説明を行った。治療過程の最後の部分には，事例を詳細に紹介した。

　第4章では，両親と子どもたちの間の複雑な力動性を一層よく理解するために，アートをどのように家族システム理論に結びつけることができるかについて取り上げてある。事例は，同じ家族ユニットについての知覚が人によって異なることを，家族のメンバーが家族のサブユニット（例えば，2人組と3人組，支配的なメンバーと従属的なメンバー）をどのように見ているかを描画で表すことによって，例証したものである。これらの例は，

描画が，他のさらに伝統的な方法よりも，いかに明確かつ簡潔に家族の組織と相互作用を描写することができるかを示している。この章ではまた，家族絵画評価を取り上げている幾人かの理論家とその形態にも焦点を合わせてある。特にひとつのモデル（すなわち，ヘイリーの戦略的モデル）に注目したが，それは家族評価の期間に仮説を生み出すための選択的技法として，描画をいかに使用できるかを説明するためである。描画が表現と関係の手段として導入された場合に，家族評価と夫婦評価において使用される技法について詳述するために，その他の事例も取り上げてある。

第5章では，グループの構成と過程へのアートの統合について取り上げてある。グループ治療の機能，目的，目標の理論的支柱を，グループ治療の過程で起こってくる各段階の概説と共に示した。グループ構造に描画技法を導入した場合に，グループをどのように継続していくかに加えて，グループ形成における考察についての議論も取り上げてある。様々な難しいクライエントや状況に対応しなければならないグループのリーダーのためには，多くの実践的なポイントを提供してある。この章では共有が強調してある。すなわち，コミュニケーションを高める中で，グループのリーダーがスペースやアイデア，そして作品を共有するという考えをいかにすれば促進できるかが取り上げてある。

本書の最後の部分には，本書で取り上げた本や雑誌についての注釈リストを提供するために，補遺を入れた。これは，ひとつの治療形態としての描画の使用について，より深く研究しようとする関心の強い実践家や学生に役立つだろう。本書の最後には参考文献も付けた。

本書は診断と治療における手法，あるいは「臨床的道具」としての描画の様々な使い方を概観してある。それらは自分のレパートリーを増やすための方法を追い求めようとする臨床家や学生の「食欲を刺激する」だろう。描画は，被検者や患者の立場からはもちろんのこと，その過程で参観者や観察者とならなければならない精神保健専門家の観点からも，抑制と防御を緩めるひとつの方法である。内科医，サイコロジスト，看護師，ソーシャルワーカー，表現を用いるセラピストなどの精神保健専門家は，それぞれの治療に自分の個人的な判断と解釈を持ち込む。このことが，情緒問題を探ったり発達的特徴を解明するために必要となる仮説を立てる上での，実際に働く枠組を与えてくれる。本書が特に強調したいのは，クライエントを診断と治療に建設的に参加させるための手法を精神保健専門家と分かち合うことだけではなく，専門家間のコミュニケーションを増やすことを試みることでもある。

投影法について初期の主唱者は，ある診断手続の適用を正当化するために，経験的な証拠が必ずしも必要なわけではないということを強調しようとした（Frank, 1948）。そして本書で取り上げているほとんどの方法は，統計的な意味では，パーソナリティを測定するための信頼できる確かな方法であるとは言えない。心理診断の分野における主導者の1人

であるアナスタシー（Anne Anastasi）は，これらのものは「インタビューの補足的な補助具」であると区別し，精神測定的な道具やテストとしてよりむしろ「臨床的な道具」と考えるべきだと精神保健専門家と同様に考察している（Anastasi, 1982, p.390）。本書の目的からしても，この論点に留まって我々の主たる目的を見過ごさないように，我々もこの区別を支持したい。我々の主たる目的とは，描画技法を様々な有益な専門的訓練と共有することである。我々は，描画技法を効果的に使えるようになるためには，いろいろな価値ある道具と同様に，豊富な臨床的経験が必要であるというアプローチを取っている。それらの臨床的経験は，特定の手続に慣れ親しんでいる人から知識を得るために，一致協力することとも結びついている。そしてもちろん，まずいくつかの適切な情報源を用いることは常に必要不可欠であり，その後で初めてその人のパーソナリティについて叙述することができるのである。

　本書において確立しようと試みたように，描画法はコミュニケーションと表現を高めるだけでなく，描く人に喜びと強い征服感や達成感を与えようとするものである。図的な制作過程はまた，精神障害の改善に有効である。描画と治療の間の相互作用は，パーソナリティ力動性を明確にしたり，隠された葛藤を浮き彫りにするだけでなく，治療過程を評価することを可能にもする。描画は，幼児の自発性を引き出し，悩む思春期・青年期の人が自分の個人的な発達上の障害を克服するのを助けもする。また大人は，描画によって自分の行動に幾度も現れるテーマを確認し，自分自身が苦しんでいると思われる顕著な問題領域に焦点を合わせることもできる。

　本書の説明を通してわかるように，描画には攻撃的感情や敵対的感情のより適応可能な表現様式へのカタルシスを起こさせる力がある。激しい感情爆発を抑えきれない子どもや大人にとって，描画は感情を爆発させることに代わる彼らがそれまで知らなかった方法となり得る。描画はまた，クライエント主導で行うことができるし，クライエントが自らコントロールできるという利点も持っており，これらの行為はクライエントのエゴをも増強する。完成した作品は，その過程自体と共に成長感と達成感を与え，それらが個人的満足と自己価値を高めるのである。

　本書で使用されている事例と説明は，長年にわたる訓練と実践によって蓄積されてきたものであり，また様々な入院患者や外来患者から得たものである。本書に出てくる名前や現れている症状，背景の情報は，完全な匿名性を実現するために，すべてに変更が加えられている。クライエントの同一性を保護するため，描画に変更を加えている場合もある。本書で使用されている描画は，特定の考察を明確にするため，または本質的な関心のためにのみ選ばれたものである。事例の研究と簡潔な作品の組み合わせに刺激されて，読者が彼ら自身の臨床事例の中に類似の状況や問題を認識し，そのことによって日常の業務にこれらの方法を適用したいと考えるであろうことを願っている。

謝　　辞

　本書の執筆中，多大な尽力をいただいたことに対して，私オスターは，次の方々に謝意を表したい。

　妻のジョーに。彼女は本書が執筆されていた期間の大部分，妊娠中であった。
　長年にわたって私の考えに影響を与え，私の専門家としての発展を励ましてくれた精神保健専門家の皆さんに。それは，州立中部テネシー大学大学院の人々，ヴァージニアコモンウェルス大学大学院の人々，そしてインターンの期間に出会ったフィラデルフィアの児童精神科センターの人々である。彼らは優秀な人材であり，教授，スーパーヴァイザー，アドヴァイザー，指導者，同僚として，そしてこれが私にとって最も大切であるが，友人として，私を助けてくれた。
　メリーランド州カンバーランドのトーマス B. ファイナンセンターと，メリーランド州ロックビルの児童青年地区施設の，精神保健専門家の皆さんに。彼らは過去数年にわたって，スタッフ・サイコロジスト，ケースマネージャー，担当セラピストとしての私の日々の基本的役割をいつも支援してくれた。
　これまでに私が診断し，治療してきたクライエントや患者の皆さんに。彼らは，自分たち（そして私の）成長と発達のために私が創造的な努力をするように，私に挑戦してくれた。
　本書の必要性を理解してくれたブルナー／メイゼル社に。そして主任編集者のアン・ア

ルハデフ氏に。彼女は本書をまとめるために，多大なエネルギーを込めて様々なコメントをしてくれた。

両親と家族，そして個人的な友人たちに。彼らは私の考えと冒険に，いつも感情面での支援を与えてくれる。

私ゴウルドは，次の方々に謝意を表したい。

夫のジョンに。私の執筆中，彼は私を支え，多くの示唆を与えてくれ，そして私たちの子どもオースティンの世話に時間を割いてくれた。

ロヨラ・メリーマウント大学のヘレン・ランドガーテン，マキシン・ユング，シャーリー・ライリー氏に。彼女らは，その臨床訓練によって，私に強力な基礎を与えてくれた。

私の専門家としての発展を促してくれた，メリーランド州カンバーランドのトーマス B. ファイナンセンターと，コミュニティ・カウンセリング協会に。

そして最後になったが，最も直接的に尽力をいただいた，リンダ・ガント氏に。彼女の非常に貴重なスーパーヴィジョンは，私と私がスーパーヴァイズする機会を持った人たちの視界を広げてくれ，それにより私は描画を診断する際に「積極的」であり続けることができた。

目　次

はじめに（医学博士　スチュワート・ガベル）　1
序　文　3
謝　辞　7

第1章　描画による診断と治療 ―その概観―　13

アート表現に至るまでの歴史と発展　13
精神保健専門家によるアートの発見　14
アートセラピスト　16
診断指標としての描画　17
描画を使用することの心理療法的な利益　19
描画とその他のアート媒体　20
色彩が語るもの　21

第2章　描画による診断過程　22

診断過程の本質　22
　事例1　23

事例2　23
　依頼理由に回答するための道具の開発　23
　認知成熟度を測るものとしての描画　24
　投影法としての描画　25
　行動観察　27
　診断的情報を引き出す一般的な描画法　27
　　　グッドイナフ―ハリス描画テスト　27
　　　人物画　29
　　　雨の中の人物画　33
　　　家屋―樹木―人物画　38
　　　家族画　54
　　　自由画　57
　　　スクリブル　61
　　　物語遊び画　64
　結　語　67

第3章　描画による個人心理療法 ……………… 68

　心理療法における描画の価値　68
　心理療法の初期段階　69
　治療上の留意点　70
　セラピストが不在の時　71
　描画を用いる時の治療姿勢　71
　自主性と空想を発揮させる　72
　成長を促す　72
　描画は治療の転機のための土台をもたらす　73
　解釈と関係の成立　74
　葛藤をほぐす　76
　他のアート媒体の使用　76
　転移の表現　78
　ワーキングスループロセス（学習体験過程）　81
　治療の終了　84
　短期の心理療法と危機介入における描画の使用　85
　事例の紹介　87

目　次

第4章　家族システムにおける描画の使用 …… 109

家族システム　109
正常な家族機能 対 機能不全の家族機能　110
精神保健専門家の役割　111
家族評価の実施　112
家族による描画の評価　114
結婚評価における描画教示　116
家族評価への描画の導入　118
確立された形式　121
戦略的家族治療とアートの結合　129
事例の紹介　131

第5章　描画によるグループ治療 …… 143

治療におけるグループ・アプローチの使用　143
グループ治療の目標　144
クループ治療の計画　145
グループ過程の諸段階　146
グループ治療への描画導入の利点　148
グループ体験を定義し，強めるための描画教示　149
問題のある参加者に用いられる描画教示　153
異年齢グループに用いられる描画教示　155
事例の紹介　159
　１．導入の描画　160
　２．問題と目標の確認のための描画　162
　３．相互作用の促進と凝集力の構築のための描画　166
結　語　168

補　遺　169
監訳者あとがき　175
参考文献　179
事項索引　182
人名索引　185

第1章

描画による診断と治療
—その概観—

アート表現に至るまでの歴史と発展

　描画（drawing）およびその他のアート創作は，常に人間の状況と一体で進んできた。太古の時代でさえも，男と女は感情を表現したり行為を記録に留める上で，エッチングや彫刻を用いてきた。視覚的形式のアートの使用が元々は単なる美的な目的よりむしろ機能的な目的にかなっていたことを示す，多くの根拠がある（Feder & Feder, 1981）。人間は音声言語を用いるやり方を発達させる前に，自分たちのコミュニケーション表現を永続的なものにするために絵によるシンボルを用いたのである。アート作品は長い間，太古の男女が考えや感情をどのように表現しようとしたかのサンプルとして，社会の発達の考古学的研究に関する目録に載せられてきている。このようなことを見ても，描画は本質的なコミュニケーションの基礎として考えられなければならない。

　個人の発達は種の発達を反映するとしばしば示唆されているように，子どもは書くことができる前に描くことを学ぶのである。子どもの描画についての初期の分析と解説のひとつは，バート（Cyril Burt, 1921）により完成された。彼は自分の個人的観察と先行研究に基づいて，子どもの描画の順序性（sequences）を明確ないくつかの段階に分類した。

彼によると，子どもは2，3歳時に初めてスクリブルを作成する。彼はこれらのスクリブルは無目的な活動表現であるが，その後さらに洗練され，特性づけられるようになるとみなしている。4歳までには未構成のスクリブルに代わって1線画が現れる。1，2年後になると，彼によれば，人や動物を意味する素朴なシンボルが描かれるようになる。それから10歳までの潜伏期間の子どもの試みを，彼は細部が観察された記述的なものであると分類した。11歳頃までには，子どもは他者の作品を模倣したりトレースしたりすることができるようになり，それらのことをやりたがると彼は観察している。11〜14歳までには，認知と言語が発達し情緒的葛藤が増すことにより，描画は退歩を示すと彼は考えた。この年齢群の子どもの好みは，人間の形よりもむしろ幾何学的図形と幾何学的装飾である。彼は色彩と形により一層興味を引かれる思春期中期におけるアートの復活に注目している。

　発達に関するどの段階理論についても常に批判があるとはいえ，成長過程の期間中の子どもにより描かれたものには識別可能な違いがあることを，研究者の大半は認めている。ところが実際を見ると，多くの研究者や理論家は単に各発達段階を細かく区別したに過ぎない。ところが，ケロッグ（Rhoda Kellogg, 1970）は100万枚以上の幼児の描画を収集して吟味し，子どもの描画は規則的な様式に基づいて発達すること——つまり，きちんとした基本的なスクリブルから一貫したシンボルへと向かうことを提示した。彼女は，意味のないスクリブルに代わって，2歳までには子どもの描画は20タイプのマークに区別できることを示している。これらの点，線，円のすべては，視覚的な手引きによる手助けなしの様々な筋運動を表している。どのような子どももこれらのマークを作成することができるし，それができない子どもには何らかの障害があるとケロッグは考えている。これらの「基本的な20タイプのスクリブル」は図示表現の基礎として現れ，アートの発達的基礎の細部描写への土台を準備する。

　これらの研究およびその他の類似の研究によって，子どもの描画の発達的側面と心理学的側面の双方について，精神保健専門家は内容豊かな理解をすることができる。それが特に関係しているのは，いくつかの年齢群の場合，アブノーマルな描画特徴は事実上標準であるかもしれないということを認識するために，解釈と診断の手段として描画を用いようとしている臨床家においてである。子どもの描画についてのこれらの記述的研究は，アートの発達の筋道を提示し，知能とパーソナリティの測定に描画を用いる上での基礎を示してきた。

精神保健専門家によるアートの発見

　精神保健専門家もまた，美的体験の理解，アートを生み出す過程の説明，アーティストの非凡な才能の分析，そして特定のアート作品についての意味づけを試みてきた。フロイ

ト（Freud, 1933）は，他の研究者の中にあって，特に傑作やその創作者に多大な関心を抱いた。アート体験の様々な側面については，これまでに無数の本が書かれてきた。これらの著作はアート精神の複雑さを確認するための基礎を与えるものであった。アーティストもクライエントも，その双方にとって，出来上がった作品は人生に意味を見出すための彼ら自身の苦闘のユニークな体験である。絵画，あるいはその他のアート作品は，意識的な意味，無意識的な意味の両方を表現する要素を非常に個人的に述べているものである。

　時代の変化に先立って，精神保健専門家は精神障害者の自発的な著作物や絵画に注目した。これは各理論学派の間に関心を呼び起こしたし，無意識と創造性との間の関係を考察する上で門外漢たちの好奇心をそそった。精神分析的風潮が現れ，それが尊重されたことによって，訓練を受けた精神分析医にとっては情緒障害者による作品の持つ象徴性をより一層把握しやすくなった（Kris, 1952）。

　フロイト（1900～1958）は，シンボルは忘れられた記憶を表し，精神内界のストレスに起因する夢やアート表現を通して出現しやすいという仮説を立てた。彼は，シンボルは不安に苦しむ心の内が形を変えたものであり，人が根底に持っているフラストレーションを感じないように防御しているとする。ユング（Jung, 1971）は，シンボルとは単に部分的に形成された個人的な体験であると主張した。彼はまた，治療過程における主要な部分として創造性を強調し，普遍的な意味を持つ元型の形をとったイメージを特に重視した。シンボルについての見解を明らかにしたこの2人の理論家により，アート表現は精神分析家たちの間ではすみやかに「思考する時の糧」として取り入れられた。

　心の無意識的な過程についてのフロイトとユングの説明は，心理療法的目的のためにアートを使用する人に，精神分析の後に，あるいはそれと並行して行われる診断作業の基礎を与えたのであった。言語の使用は夢体験を再生する上で必ずしも十分ではないこと，描画により他の方法では描写することができない部分的光景を表すことができることを，心理療法家は実感した。このように，描画を使用することで，セラピストは夢のイメージが言語的に翻訳されることによって歪められるのとは反対に，イメージに直接触れることができるのである。精神分析を受けたクライエントの中には，言葉で夢を述べようとするよりもイメージを描く方が大変容易であったという人もいた。

　絵による表現は言葉よりも象徴的であるが，言葉に比べて不明確である。何が関係しているかを意識せず，比較的検閲されていない題材で絵を描くことが，描き手の記憶や空想を増すことになる。クライエントは自分の描いた家が実際に自分が住んでいるところではないことを認めないまま，漠然としたやり方でコミュニケーションをとることができる。このように，情緒的に重荷になっている題材に直接立ち向かうことがないように防御することから，不安を感じたり防衛的な構えをとることがより少なくなるのである。

アートセラピスト

　パーソナリティの統合・再統合を援助するために描画を用いる臨床家は多くいるが，その中にアートセラピストとして特に訓練された専門家の人たちが明らかに存在する。アートセラピストは象徴的な言語と多くの非言語的なコミュニケーションの両方について訓練されている（Robbins & Sibley, 1976）。彼らの技術と専門的識見は，現在では米国アートセラピー協会によるアートセラピストとしての登録（Art Therapist Registered, A. T. R.）のための審査の，判断材料となっている。

　アートセラピストはイメージの中のシンボルを探求し，クライエントが内的自我を一層認識することを助けようとする。そしてアートセラピストは，クライエントに治療体験の外の，日常の対人行動にまで及ぶ一般化が起こるという希望を持って，クライエントが新しく発見した内的自我を外界の現実と統合するのを助ける。アートセラピーはこのように，クライエントがより自己表現できるようになり自己理解を深めることと深く関係するようになっている。

　ほとんどすべての療法にも通じるが，アートセラピーは独立した学問領域として，精神分析の動向にそのルーツを持っている。この伝統的なアプローチの中でのアートセラピーは，言語的コミュニケーションを詳説したり，クライエントが表現した視覚的イメージから引き出された象徴的内容に解釈を与えるために，精神分析に付属したものとして用いられた。治療形態として用いられたアートと言えば，ナウムバーグ（Margaret Naumburg, 1966）が草分けである。彼女は自由連想と解釈が主に強調されていた精神分析の伝統に従って訓練を受けたが，この技法の補助として自発的描画を使用することを促進したのであった。この技法の枠組の中で用いられるアート表現は，葛藤的なテーマを引き出し解釈するためのひとつの様式となった。アートセラピーの価値は，結果として生み出された描画は象徴的な言葉の一部であったが，そこでの表現が信ずべきものであり，コミュニケーションを促進するということであった。

　ナウムバーグに引き続いて，クレイマー（Edith Kramer）が1950年代に登場し，専ら子どもたちに関わるアートセラピーを行う中で，それまでとは異なるアプローチを活用した（Kramer, 1971）。クレイマーはアートを創作する過程それ自体が癒しであり，言葉のやりとりを必要としないと考えた。また，セラピストの役割は創作するように鼓舞し，遊びや空想に転換させることなく技術援助と情緒的支援を与えることであると感じていた。アートセラピーに加えられたこの変化は，セラピストを単なる受身的な解釈者としてよりむしろ教育者やアーティストとして強調したのである。このことは正反対の2つのアプローチを生み出した。そのひとつはアート体験の創造的側面を強調するアプローチであり，もうひ

とつはアートから得られた治療的洞察を強調するアプローチであった（Wadeson, 1980）。

アートセラピーの発達にもうひとつの大きな影響を与えたのは，家族評価と家族治療セッションにアートセラピーを導入したクワイアトコウスカ（Hanna Yaxa Kwiatkowska, 1978）である。米国の国立精神保健研究所に勤務していたクワイアトコウスカは，アートセッションに家族全員を参加させることは，家族全体の関係という見地から，また家族構成の強化という点から見ても，治療的であることを発見した。家族画は，家族成員間の類似性と，家族成員が互いの役割と地位をどのように見ているかについて，多くの診断情報を与えたのである。

近年，心理学における人間性への動向により，創作された作品自体に特に注目するアートセラピーは，主要な治療方法として大変な注目を集めている。その例として，ライン（Rhyne, 1973）は自己表現，自己知覚，そしてグループ相互作用の拡大を考慮に入れる体験成長グループにアート活動を導入した。これら他を率先する努力によって大きな刷新と変化が起こり，1960年代までにはアートセラピーは専門分野として認められるに至った。これにより，アートセラピストは新しい専門職としてのアイデンティティを見出し，まもなく臨床施設や研究施設などの様々な場所で働くようになった。

今日，アートセラピストは精神科病院と外来クリニックにおいて，個人や家族についての診断をする場合の補助をしているのみならず，個人心理療法や集団心理療法も行っている。また，学習障害や学習遅滞が見られるか，学習の機会を社会的に剥奪されている子どもたち，また，情緒障害を示している子どもたちと関わる特殊教育プログラムにおいても，人生を回顧する過程を容易にするためにアートが用いられているナーシングホームにおいても，アートセラピストは活躍している。また，薬物乱用取締施設，大学のカウンセリングセンター，中間施設，雇用支援プログラムで働くアートセラピストや，少数ではあるが開業したアートセラピストもいる。

診断指標としての描画

今日，描画を診断過程の補助として用いることに重きが置かれている。この関心が起こってきたのは，診断者が日々の臨床で直面する複雑でしばしば何とも解決しがたい問題を理解するのに必要な時に，精神測定的に確かな手続を提供してくれるはずのテスト開発者の能力のなさに，息苦しさを感じていたちょうどその時であった。まさに数量化しないやり方ではあるが，描画は診断と治療の両面から価値ある手がかりを与えてくれる可能性があり，またユニークで個人的な内的経験の表現が得られるので，臨床家はそれを固く信じている。描画の価値を臨床家が蓄えている知識と切り離して計ることはできないとしても，障害を持つ人たちとこれから成長していく人たちの双方を援助するものとして，描画

はその固有の価値を何ら減ずるものではないと言える。人間行動の鋭い観察者として，臨床家の感受性，直感力，判断力はコミュニケーションのメッセージを解読する時に無視できないものである。このように描画は臨床家とクライエント，そして予想できる方法論の範囲を超えた彼らの相互関係を，全体複合的に結びつけているのである。

描画はまた，クライエントの評価期間中に，その人の機能を測定するための，またその人の現在の関心事と葛藤を表現するための，非常に優れた素材となってきた。例えば，強固に防衛的な人の場合には通常，単調な複製を作ったり，描くことよりもむしろトレースすることを好んだりするように，描画における自発性の欠如が見られるだろう (Gumaer, 1984)。描画に見られるうつの徴候の特徴には，色彩の減少，空虚な空間の多さ，強い圧縮，無秩序さ，不完全さ，意味の希薄さ，そしてほとんど努力の跡のない描き方などがある。統合失調症の人の描画では宗教的な内容のテーマが顕著であり，パラノイアのクライエントの描画には目，窓，テレビが登場することが多い (Wadeson, 1980)。このやり方で解釈される時，描画は身体的・認知的な成熟，パーソナリティのある側面，世界を個人的にどのように知覚しているのかなど，多くの様々な角度からの手がかりを与えてくれる。

すべての対人的な出会いにおけるのと同様に，選ばれた技法によってクライエントの個人的な意味づけが見出されるだけでなく，それをクライエントと共有することが可能になるという点が重要である。これは診断者が被検者とのラポートを維持したり高めようとする時に選ぶいかなる技法の場合も，本質的に大切なことである。それが描画を診断状況に導入することの最も大きな利点であることは確かである。ちょうどフロイトが夢を「無意識への王道」と考えたように，測定や診断過程の補助として描画を用いる我々や他の臨床家もまた，これらの具体的で精神的な表現はクライエント個人の今の認識にはない潜在的な資料を明確にするための解釈をする上で有用であると言える。基本的パーソナリティの性質を形成している内的欲求，欲動，衝動の象徴的な表出として，クライエントと臨床家の双方にキャッチできるのが描画に示される表現なのである。

描画はまた，思慮深い臨床家であれば補助面接技法としても使用できる。診断と治療の補助具としての描画の有用性は，臨床家が蓄えてきた知識と分別の程度により決まってくる。したがって，精神測定の手続を通して描画を評価するのは不適切であると言える (Anastasi, 1982)。これまでに発展してきた多様なスコアリング・システムでさえも誤って使用されていると思われる。それらのスコアリング・システムの持つ外見上の客観性は幻想とも言える。投影法特有の価値はその臨床手続にある。投影による手続と面接手続によって広範囲の情報が得られるが，それは統計上では信頼性が低い。それだけでなく，どのような投影法でも，ある人に行う場合とその次の人に行う場合では，その反応には大きな変動がある。例として，絵画統覚テスト (Murray, 1943; Thematic Apperception Test, TAT) における反応から引き出される一連の物語からわかるある人の反応には，

その人の攻撃性に関する多くの情報はあっても成就傾向に関する情報は特になく，一方別の人の反応は創造性を示しても何ら攻撃性を表さないという（Anastasi, 1982）。様々な人たちの一連の描画を調べたり解釈すると，これと同様のことが言える。このように一定の反応がないことは，統計分析が各種グループの単一の側面についての特性を示すのに用いられる場合の妥当性の低さを示している。再度強調しておきたい。心理テストのデータからの反応を読み取ることにより，無限の反応が得られるのである。

描画を使用することの心理療法的な利益

　心理療法の過程は，そこに存在する問題やパーソナリティにより様々に変化する。しかし，ほとんどの心理療法の形式にはその過程の一般的な特徴があてはまる。心理療法の過程の持つ主たる側面のひとつは，クライエントの表現と関係性の体験を広げることである。これによりそのクライエントは，内的・対人的な苦痛と葛藤を生み出していることが明らかな，有害で不適応な習慣あるいは行動に打ち勝つことができる。直接的な言語を用いたコミュニケーションが最小限度であり限られた洞察しか与えない場合，臨床家は手続によって，隠された葛藤をよりよく理解できるようなよく構成された手段を得る必要がある。ある人が問題領域を打破する上での援助をするにあたって単一の治療的アプローチをとるやり方は，その人の置かれている状況が複雑な時には効果を発揮しないことが多い。そのこともあって非常に多くの治療的アプローチと治療の理論システムが創造され，臨床家のみならずクライエントも活用しやすい方法を見つけられるようになった。物語を作ること，遊び，心理劇，ムーブメント，ダンスといった戦略が登場したが，これらはすべて特定のアプローチ（例えば，分析療法，ゲシュタルト療法，認知行動療法，家族システム療法）の中の個人治療，グループ治療，家族治療，夫婦治療等の各治療セッションの構造の中に取り込まれてきている。心理療法のゴールを求めて実施されてきたすべての技法の中で，描画は最も簡単かつ豊かな形で物語るクライエントの表現と能力を発展させるという目標に適うものと言えよう。

　多くの人にとってこの描くという方法は，日常的に使用する表現方法ではない。それ故により自己統制せずに，より前意識的な材料や無意識的な材料を絵や描画に示すのである。そのような意味で描画は，クライエントにいつもの狭い感覚領域を越えてレパートリーを拡大するための土台を提供してくれるのであり，その土台は予想外の結果として話し合いや学習への足がかりとなるのである。描画はまた，隠された葛藤や自我力，性格特性への洞察を得る手段でもある。このことにより治療を受けている人たちは自分自身をよく理解し，自分がいかに個人として，また自分の家族の中や職場，学校などで役割を果たしているかという自己評価を高めることにもなる。

他者とコミュニケーションをとるための方法としては，個人感情を言語的に認識するよりも，具体的な対象を創ること，つまり描くことの方が容易である。もしもその個人感情が恐怖感である場合には，特にそうである。この感情の「対象化」によって人は感情が存在することを認め，そしてやがて自己の内的表現の一部分としてそれを受けとめることができるようになる（Wadeson, 1980）。描画それ自体はまた，心理療法過程を概観するための永続的で有益な記録となる。特に治療目標が成し遂げられたかどうかを判断したり，もう終結させてもよいかを決断する場合に役立つ。描画は記憶が薄れていくのとは違いそこに残っている。これは，例えば描画に同じテーマが繰り返し描かれる場合には，特に決定的に強烈に心に残っているものがある，ということである。この直接残される描画の記録はまた研究目的にも使用可能であり，専門チームのメンバーが学習目的のために共有することもできる。

描画とその他のアート媒体

　私たちは，本書を描画それ自体が診断と治療の過程を高めるという価値の考察に限定している。描画は実施が容易であり，診断方法と治療を通した出会いに対して構造的アプローチを与える。また，他のアートの素材ならば生み出しかねないクライエントの退行行為の機会を減らしたりもする。たしかに他のアートの素材を使うことで付加的な利益は得られるが，診断・評価セッションや治療セッションにこれらの材料を導入するのに先立ち，かなり多くの訓練と経験が必要とされる。加えて，多くの研究と理論は，創作の専門家が通常使う別の方法（訳者注：フィンガーペインティングや粘土）よりも，描画を用いる診断と治療を支持している。

　創作的な媒体を使用するといった本格的な訓練を受けてこなかった精神保健専門家にとって，描画は一般的により安全な表現形式である。例えば，フィンガーペインティングは時に刺激的でありすぎるし，比較的洗練されていない表現形式であるために退行を引き起こすことがある。このことは，訓練されていない人が状況をどのように適切に取り扱うかを知らないような場合に，診断と治療のセッションを複雑にしてしまいかねない。同様に，粘土を扱った場合にもしばしば常軌を逸した表現（例えば，粘土を打つ，叩きつぶす）が現れるが，これは訓練を受けていない観察者には目的がないように見える可能性がある。あるいは，事実自己統制に欠けているだけかもしれない（Betensky, 1973）。

　本書で示唆しているように，描画に求められる材料は，鉛筆，マーカー，パステル，クレヨン，チョークである。鉛筆は通常より強いコントロールに役立つが，パステルにはセッション中の適度な構造的枠組の範囲内での大きな表現の自由がある。それがチョークになると擦って汚してもよいのでコントロールは必要ない。また，臨床家が関わる人たち

によっても，媒体（訳者注：例としてマーカーやパステル等）を選択することになるであろう。例えば，幼児や障害を持つ人たちには操作しやすい媒体が必要である（Wadeson, 1980）。その場合，臨床家は紙の上でたやすく縦横に動かせて擦っても汚れない，カラーマーカーのような媒体を選択することが多い。

色彩が語るもの

　色彩の使用についてはいくつかの事例や説明で所々述べているが，描画における色彩の重要性については本書の範囲を超えているので取り上げない。ロールシャッハは1942年に最初に色彩と情緒との関係を強調した臨床家の1人であった。彼は自分が作成したインクブロットへの反応を通して人がどれだけ色彩に注目しているかを見ると，その人の情緒生活がわかるという仮説を立てた。例えば，彼はインクブロットへの反応における色彩の欠如が情緒的圧縮とどのように関連づけられるかを示した。それに対して色彩に根拠を置いた多くの知覚が見られることは，情緒的に変化しやすい人を意味すると述べている。しかしながら，人の「色彩体験」はあいまいで両義的である（Betensky, 1973）。色彩は意味的には非常に主観的であり得るが，だからこそ，臨床家はクライエントの色彩に対する特有の反応に特別に注目することが非常に大切である。

　本書の目的に従えば，色彩が使用された場合，精神保健専門家は色彩に関するできる限りの解釈を知っているべきである。例えば，赤色の過度の使用はしばしば憤怒感と関係していると考えられる。主として暗い色が連続して使用された場合は通常，うつのサインと考えられる。いろいろな明るい色が過剰に使われているならば，躁傾向の可能性を示唆しているかもしれない。また，繰り返し薄くてほとんど見えないような色を使用する場合は，自分の本当の体験を隠そうとしている可能性が高い。再度強調するが，これらは臨床経験から得て学びとった仮説にすぎず，描画におけるひとつの情緒的指標（すなわち，カラータイプ）が正式の診断のための基礎を与えるとは示唆していない。

第2章

描画による診断過程

診断過程の本質

　診断過程（assessment process）の目的は，クライエント個人の遂行能力についての観察とその人が完成させた作品の系統立った考察により，その行動を研究することにある。臨床家にとっては，この評価過程（evaluative process）は普通，クライエントの行動に関して特別の疑問を持つ関係者によって始められる。これら関係者（すなわち，両親，教師，医師，裁判官，その他の関係機関の職員）の役割は，より詳しい説明と可能な限りの介入が必要なそのクライエントの問題領域を見出すことであり，一方，テストを日課としている臨床家の役割は，クライエントの能力や機能不全，そして情緒的葛藤を意味のある情報に翻訳する過程にその専門的意見を提供することである。そしてそれらの情報によって関係者はより多くの見識ある判断をすることができるのである。

　医師（通常，精神科医か小児科医），裁判官，またはその他の精神保健専門家があるクライエントに勧告する治療を決定する際に，その決定の裏付けを得るために彼らが質問をしてきた時に答えなければならない状況に，本書の著者らは常に置かれている。診断なるものはこのように，検査者が直面するこれらの様々な問題の解決を試みることとなる。ク

ライエントの行動に関するこれらの質問は，問題の表出であるとみなされるのが普通である。依頼理由のサンプルとして，次に架空の事例を挙げておく。

〈事例1〉

　15歳のアリスは，11人の子どもたちの中では一番幼く，兄からかなりの性的虐待を受けたため，ソーシャル・サービス部門の世話で連れてこられた。それに先立つ6カ月間，彼女は学校に行かず様々な身体的病状を訴えていた。一時的な児童養護施設に預けられていた時，自傷行為のきざしとも言える素振りを見せ，その後少年審判所によって評価目的で入院病棟に移された。依頼理由はこの少女の，1）うつ程度の重篤さ，2）より深刻な自殺企図の可能性，3）日常の学業場面や社会的場面における役割能力，4）必要な治療的介入のタイプ，5）もし必要なら，他にどのような機関・施設を選択すべきか，に関するものであった。

〈事例2〉

　6歳のジェームズは学校での学業に問題があり，家庭では怒りを爆発させたため，小児科医から心理学的評価の依頼があった。両親はジェームズが兄や姉よりも発達的に遅れていることを認め，聞くことや話すことに障害があるようだと気づいていた。そして彼がしばしばかんしゃくを起こすことや，朝の目覚めが悪いことなど，問題行動のいくつかを取り上げた。また，ジェームズはひどく怖がりで，その対象は動物，道化役者，大きな音などであるとも言った。両親はジェームズのどこが悪いのか，これらの問題行動のいくつかでも改善していくためには，どのようなステップを取り得るかを知りたがった。評価を依頼した小児科医は，ジェームズの知能の測定を求め，情緒的問題が彼の成長と発達を阻害するかどうかを知りたがっていた。

依頼理由に回答するための道具の開発

　これらの例における主要な点は，即座に診断し，多様な援助システムの中のどの介入戦略が適切であるかを明確に勧告してもらうことを必要として，依頼がなされていることである。これらの個人的，社会的問題は，不安や障害の本質や程度を決めたり，機能的な強さと弱さのプロフィールを浮き彫りにすることを試みる技法を必要としている。そのような技法によって，問題行動を効果的に変化させる治療形態を選択したり発展させたりすることが可能になるのである。そして，診断の理論的解釈が，様々な治療・援助手段を開発する時の資産ともなる。詳細な判断によって，そのクライアントにとって望ましい措置の出発点を確立する情報のベースラインを提供でき，また依頼した機関に効果を見込める方

策を示すことができる。

　詳細な診断をするには，サイコロジストあるいは評価に従事している身体保健専門家や精神保健専門家は，あるクライエントの認知的，情緒的な源を広範囲にわたって標本抽出したり，適切な結論を引き出すために，これらの個々独立した情報のかけらとその背景にある情報との統合を試みなければならない。これらの目標を達成するためには，評価者はクライエントに焦点を合わせ，表れている問題に直接関係する情報を収集することが必要である。かつては診断についての質問は依頼する機関の方から明確にされてきたし，診断の目標もはっきりしていたが，これらの目標に適う方法や材料を今後とも発展させる必要がある。

　次に挙げるような多くの技法が評価者を助けるために発展してきた。それらは，知能測定法（例えば，ウェクスラー成人知能検査の改訂版［Wechsler, 1981］），脳機能障害スクリーニング検査法（例えば，ベンダーゲシュタルト視覚運動検査［Bender, 1938］），教育到達検査法（例えば，広域アチーブメントテスト［Jastak & Jastak, 1978］），重い情緒障害の評価法（例えば，ロールシャッハテスト［Rorschach, 1942］），人格に関する検査法（例えば，絵画統覚テスト［Murray, 1943; TAT］，ミネソタ多面人格目録［Hathaway & Meehl, 1951; MMPI］）である。

　この綿密なる過程において，描画は顕著な問題領域のそれぞれに関する仮説を立てる場合の重要な補助手段となっている。描画の解釈は理論的方向，先行研究，個人的経験に基づいており多様であるが，慎重に注意を払い，存在する情報をより広い視点から見るならば，推論は可能である。この過程の中で，クライエントの描いた描画についての本人の個人的な解釈を十分に考慮をすることも不可欠である。特にその背景にあるクライエントの発達段階には注意を払わなければならない。このことを知っている臨床家は，クライエントの描画からその概念的，知的，情緒的反応への洞察を得ることができる。

認知成熟度を測るものとしての描画

　歴史的に見ると，人物画は子どもと大人に用いられた多くの技法の中で最も古く，しばしば臨床的に最も魅力があった。人物画は最初はグッドイナフ（Florence Goodenough, 1926）により知的成熟度を素早く測定できるものとして開発された。この診断形式では，描かれた1人の男性は子どもの成熟度を示す一定の発達指標と関係していると想定し，絶対的な成長の規則性と関連しているとみなした。例えば，子どもは通常6歳までに，男性の描画であると識別できる描画を描くことができた。この人物画テスト（Draw-A-Man Test）は，描画技法の応用の中で最も広く使用され，よく標準化され，有効なもののひとつである。

人物画テストのハリスによる改訂版（Goodenough-Harris Drawing Test）は，それまでのものをさらに発展させ洗練させたスコアリング・システムによってこの伝統を引き継いでいる（Dale Harris, 1963）。彼の改訂は女性と自己像を描くことを追加しただけでなく，グッドイナフの知能についての見解に対して，描画は概念的成熟度の指標であると論じた。

ハリスは，子どもの描画には一般に年齢的な発達に伴う3つの段階があると述べた。初期段階において，子どもは専らマークを描く楽しさに集中する。何度も繰り返しているうちに，このマークは形と特性を持ち始める。これに続く第2段階では，模倣画や再現画が登場する。この段階では，子どもは人物の形の細部の違いや構成を積極的に描くようになる。最終段階では，常に個人的な発達が見られるわけではない。この段階は図的なものがデザインとバランスの原則に基づいて描かれる学習の時期である。この最終段階で，子どもは概念的な方法で他者と意思疎通をはかりながら，美的な作品を生み出すことを知るようになる。

コピッツ（Elizabeth Koppitz, 1968）も描画に現れる発達的特徴から人物画を分析する方法を考え出した。彼女は年齢が進むのに伴って人物のある特定の部分が現れるということを示すために描画を調べた。コピッツは5歳から12歳の少年・少女についてのノーマティブ・データ表を示したが，それはそれぞれの子どもについて「期待されるような（expected）」「一般的な（common）」「異常ではない（not unusual）」「例外的な（exceptional）」アイテムの数を表したものであった。それらのアイテムが出現する頻度は年齢が進むに従って増加するが，その増加は出現頻度が大部分の人物画において暦年齢レベルから考えて典型的となるまで続く。コピッツの方法は特別な価値のあるものではないにしても，グッドイナフ—ハリスのスコアリング・システムと同様に，子どもの描画がその年齢として普通であるかどうかを見る機会を臨床家に与えてくれる。

コピッツはその後人物画に関する研究範囲を広げ，11歳から14歳の中学生を含めている（Koppitz, 1984）。彼女は非常にたくさんの表と説明を用いて，年長の子どもにとっては描画はもはや自然に行うことではなく，11歳を過ぎると人物画の細部が系統的に増加することはないことを示している。彼女のこの研究が大変な苦労を要したことは，研究者が児童期の現象を論ずる場合にサンプルとなる子どもたちを年齢群ごとに慎重に区別することの必要性を，改めて強調している。

投影法としての描画

描画を求めるための教示はしばしば，パーソナリティと相関するものとしての描画の持つ可能性を強調するために変更することができる。この見方で描画を使用する場合の理論

的根拠は，大人がどのように自分自身を対人関係的な存在とみなしているのかというのと同様に，子どもの自己感覚の発達とも関係している。描画がこのように用いられる場合，検査者は被検者を比較的未構造な状況に直面させることになる。被検者の方は個人的な経験を通して，自分自身でその課題に対して意味づけを行わなければならない。描画の使い方がこのようにあいまいであるのは主に，検査者によって与えられる教示が最小限であるからである。このことにより，被検者は与えられた課題が何であれ，それを大きさ，配置，年齢など，無制限で描くことができる。

バック（Buck, 1948），マコーバー（Machover, 1952），ハマー（Hammer, 1967）は，投影法としての人物画の使用に関する主要な支持点を論じてきた。人物画をこのように用いた場合，発達的指標というよりは情緒的指標の表出として分析することができる。そして描画の中で強調されている点は，単なる発達的指標ではなく，クライエントの情緒的葛藤と態度を反映するものなのである。

これらの情緒的指標や徴候は通常，3つのカテゴリーに分類できる。それらのカテゴリーのひとつは，描かれたものの全体的な質である。これは，線質（例えば，大ざっぱや途切れ途切れ），身体部分の統合とそれらの均整，陰影といったものである。次のカテゴリーは，通常の人物画には見られない特異な特徴を考察する。これには，大きな頭や小さな頭，歯，絡められた腕，やぶにらみの目，切り取られた手や腕などがある。最後のカテゴリーは，身体部分として通常あるべきアイテムで構成されている。それは目，鼻，足，首といったものであるが，これらの部分は潜伏期の子ども，そして年長の子どもによる描画の中で描かれることが期待されるものである。これらの身体部分が省略されている場合，そのことを総合分析の際に重視しなければならない。

大部分の投影法に見られるように，描画についての仮説と解釈を数量化することは矛盾した結果をもたらすが，クライエントの内的経験の投影として描画を用いることの衝撃は凄まじいものであった（Koppitz, 1968）。描画はクライエントの葛藤や願望達成，空想に関する必要な情報を得るための，便利で安心して使える方法として臨床家の間で人気があり，そのことが何を描かせるかについての選択を促すことになった。この選択によって加えられたものには，すべて挙げることはできないが，家屋，樹木，家族がある（本章の27～67ページにある一般的な描画法の節を参照）。

通常，課題を描くように求めることは，パーソナリティの様々な部分を引き出すという仮説が立てられる。例えば，家屋画を描くことを求める場合は普通，そのことが家庭生活を取り巻く家族の絆と葛藤に関するつながりを刺激するだろうと考えられた。特に子どもの場合，この描画を描く時にどこが強調されるかは，その子どもが両親ときょうだいについてどのように知覚しているかに基づいている。このことは家族画についても，それを主に家族ヒエラルキー内での自分自身の地位を子どもがどのようにとらえているかの顕著な

特徴を確認するために使用する場合，あてはまるであろう。例えば，自分自身がきょうだいと比較して家族の中でより重要であると見ている子どもほど，より両親に近いところに自分を描く。それとまったく逆に，きょうだいから孤立しているとか，彼らとは違うと感じている子どもは，自分を端の方に離して描いたり，家族の活動に参加していないように描いたりする。樹木を描かせる場合，樹木は自己に関するより深く，相当無意識的な感情を反映しているという仮説が立てられる。この場合，理想的でない個人的特性は無生物に重ねて描くとより表しやすいように見えるが，それは自己描写からより離れていることがわかるからである。人物画はもちろん，生命感情そのもののより直接的な表現を反映する。

行動観察

　描画の最中の被検者の行動は，臨床家に実際の作品と同じぐらい貴重なデータを与えてくれることが多い。観察力のある臨床家は，動きの機敏さ，依存欲求，緊張性，衝動性，不安定性といった重要な領域に関する初期判断ができる。さらに評価過程の間に，検査者は総合的機能に関する印象を具体化するために，テンポの変化，自発的な行動や意見，描画の細部を記録することを望むであろう。被検者の示す感情表出の一部分もまた，検査者にとって有用である。例えば，声に含まれる怒りの程度，顔に見られる悲しみ，手の震えとして表現される不安感情は，すべて心の内の混乱の現れと関係している可能性があるからである。ジェスチャーや表情に基づく解釈を試みることは，その人についての正確な診断からは今なおほど遠いが，それは感情は隠しやすい場合があるし，限られた時間内でのサンプリングでしかないからである。このように，描画には様々な種類のより客観的な評価手続が必要とされているのである。

診断的情報を引き出す一般的な描画法

　次の各節では，子どもと大人の個々の評価に使用されてきた描画のための臨床教示の一般的なものを詳述する。ここで取り上げている技法については，臨床の描画も紹介しながら詳しく述べてある。描画によって診断過程がいかに豊かになるかを示す解釈がなされているが，その解釈は，クライエントが示した力動性や問題点と絡み合う複雑さを理解し始めるための方向としてのみとらえられるべきである。

■ グッドイナフ—ハリス描画テスト（*Goodenough-Harris Drawing Test*）

　グッドイナフ—ハリス描画テスト（Harris, 1963）は，一般的には人物画テスト（Draw-

A-Man Test）としてよく知られているが，学童期の子どもの評価において知能の迅速な評価が必要とされている時に，サイコロジストや小児科医によってスクリーニング法として主に用いられている。すべての知能検査の中で，このテストは着想，簡潔さ，便利さにおいて多分に優れている。このテストの使用は，聴覚障害を持つ子ども，神経学的障害の疑わしい子ども，適応障害を持つ子ども，性格的に欠陥のある子どもを調べるところにまで広がってきている。

このスコアリング・システムから確立された知能指数（Intellectual Quotients, IQs）は，スタンフォード―ビネーテストと比較的相関が高く，ウェクスラースケールとはさらに高い相関がある。けれども，描画を使って測定されたIQは，これらのより完全な知能検査から出されるスコアよりも，一般的に低めである（Palmer, 1970）。それ故，人物画テストはより一般的な知能検査の代用として使用されるべきではないし，決してそれを学業序列を決める唯一の基礎とすべきではない。より注意深い配慮を必要とする子どもたちを選び出すためのみに，このテストは用いられるべきである。

この描画法の第1の目的は認知成熟度を測ることにあり，その目的は，知的発達の評価は学童期の子どもが1人の男性を描いたサンプルから定式化できるというフローレンス・グッドイナフの初期の推論に基づいている（Goodenough, 1926）。グッドイナフのスコアリング・システムは，デール・ハリスの改訂版が1963年に出るまで，1926年に標準化された原システムのまま変更されることなく使われた。IQスコアが信用されたのは，クライエントの身体部分，衣服の細部，均整，パースペクティブといった特徴を包括しているためであった。73のスコア可能なアイテムが，年齢の違いやテストの全スコアとの関係，グループの知能スコアとの関係に基づいてハリスにより選択された。

この方法によって描画を実施するための教示は，比較的簡単である。ハリスの改訂版に従うと，子どもは通常，3人の人物，つまり男性，女性，それに自分を描くように求められる。この最後の教示については，有益な研究成果が得られる見込みがなかったためにほとんど用いられないが，本来は投影法として含まれていた（Harris, 1963）。それぞれの絵について，子どもは頭と肩といった部分だけでなく，できるだけ全身を描くよう求められる。描画の個人的な側面を見る方法とは違い，このグッドイナフ―ハリスのスコアリング・システムは，子どもが最適条件で描画できるように苦心を払っている。時間の制約は特にない。なぜなら，その子どもが人間の身体部分をどれだけ知っているかを，検査者が測定しようとしているからである。

幼児の描画はたいてい非常にシンプルである。彼らの描画には主に，ほとんど顔の特徴がない頭部とその頭部から続くそれ以外の身体部分が描かれる。しばしば検査者はひとつの丸い形で頭部と胴体を一緒に描く幼児に出会うであろう。もしもある子どもの描画がまったく無目的な，あるいはコントロールされていないスクリブルでしかないならば，結

果としてのスコアはゼロとなる。このゼロという判定はこのスコアリング・システムでは3歳0カ月に相当する。子どもが方向性を持って描いたように見える描画であれば，どのようなものでもひとつの作品として採点され，3歳3カ月に相当するであろう。その後，ポイントは3カ月ごとを基本に採点される。発達に従って子どもが描く描画はますます多様で正確になっていく。

　このスコアリング・システムによって，次のようなことを確かめることができる。それは，頭部，胴体，腕，脚といった身体部分が描かれているか，腕と脚が胴体に付いているか，2つの目，ひとつの鼻と口，毛髪があるか，指の細部が描かれているか，人物像の均整が正確であるか，である。テストマニュアルの中に，粗点を標準点とパーセンタイル順位に変換する表も示されている（Harris, 1963）。

［事例の紹介］
　これらのシンプルな描画は6歳の弟と8歳の姉が，父親の横死により突然引き起こされたかなりの情緒的混乱に焦点を合わせたより大規模な評価の一部として描いたものである。これらは，スコアリング・システムがどれだけ本質的な発達的見込みを示しているかの例である。この弟と姉は共に平均的な知能水準の狭い範囲内にスコアされた（IQは99と101）。しかしながら，弟の描画（図2-1参照）を観察すると，彼の描いたものは姉のものとは完成度がかなり違う。手，足，毛髪の描き方は，通常6歳以降まで現れない相当精巧なものである。これらの描画は相当似ているとはいえ，姉の描画には鼻が2次元的に描かれ，また靴が示されるなどしているため，姉はスコアリング・システムにおいて追加点を獲得することができた（図2-2参照）。

■ 人物画（*Draw-A-Person*）

　この人物画（Draw-A-Person, D-A-P）テストは，カレン・マコーバーがグッドイナフ技法に関わった先行経験から，子どもの知能を測定するために案出したものである（Machover, 1952）。その時代までに，優れた診断的な手がかりを探求する中で多数のアート媒体と技法が利用されたが，パーソナリティ力動性を探るための人物画にほとんどの関心が集中した。人物画から抽出された多くの個々の特徴は，クライエントの自己概念を反映していると考えられた。人物画は，それを描く人が自分自身を実際にどのように知覚しているかの無意識的な投影であるという仮説が立てられた。

　敵意などの感情は描画に投影されることが多いようである。それはぎらぎらした目，むき出しの歯，冷笑している唇，あるいは描かれている人物の手に持たされた武器によって表現される（Hammer, 1967）。現実検討の乏しさもまた，奇怪な顔面特徴（例えば，動

My Person

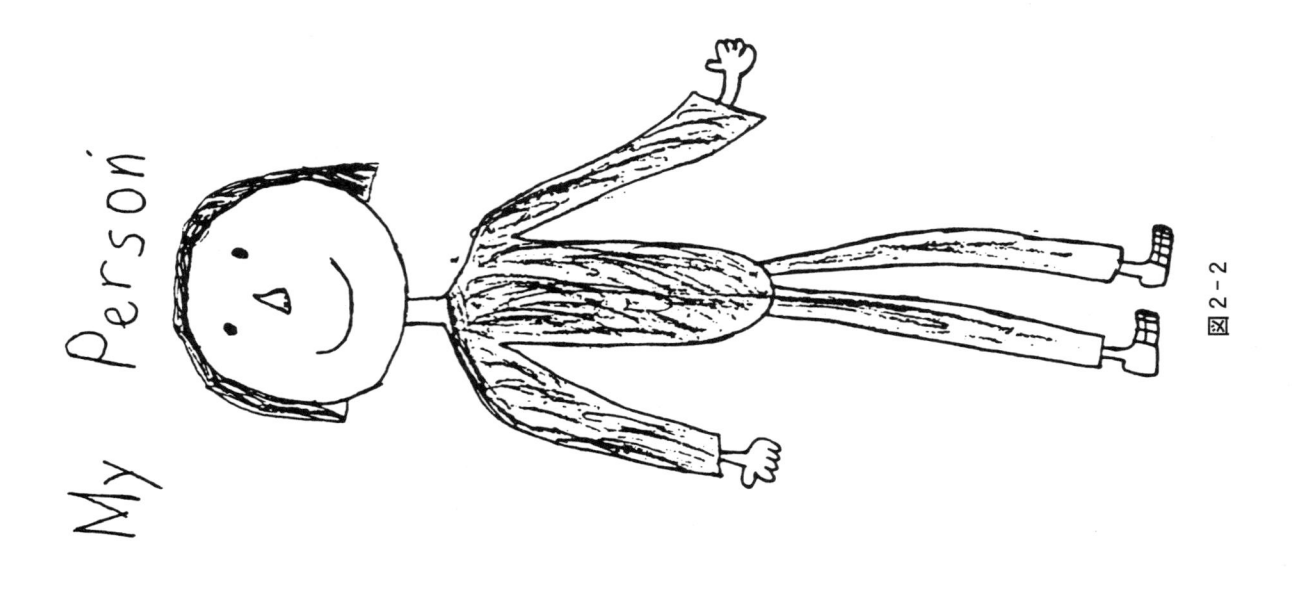

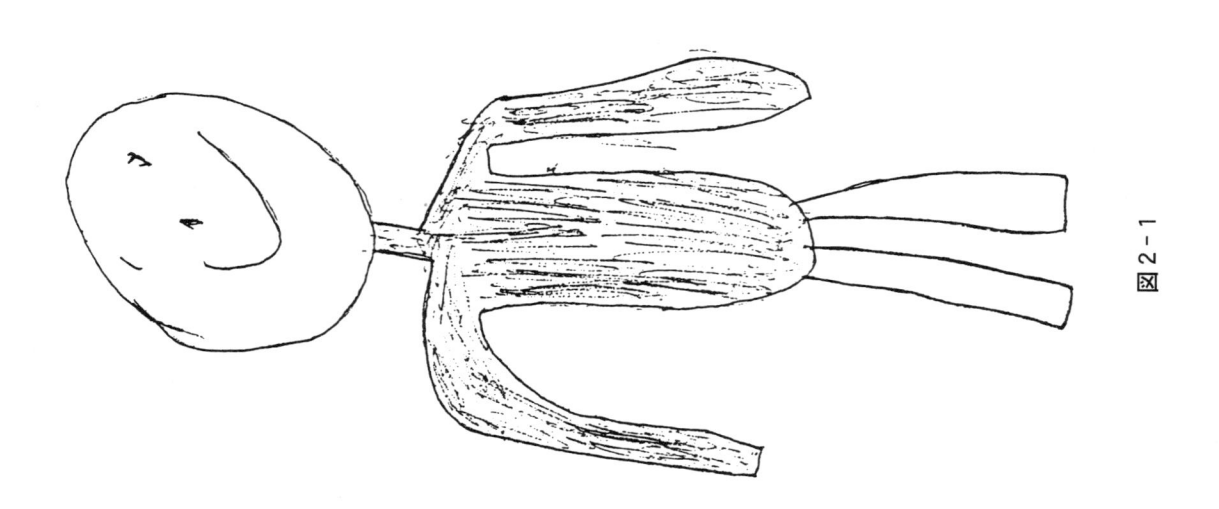

図 2-2

図 2-1

物の顔をした人物），人間らしくないロボットのようなキャラクター，宗教的なシンボルや神秘的なシンボル，あるいは人格のない空っぽの表情などの表現によって描画の中に見られたりする。攻撃傾向は時として爪を強調して描かれた手に見られる。人物画に多く見られる側面にはその他に，性的同一性に関する考え，権威的な人物と劣った人物の描写，謀反と魅惑の衝動などがある。

　この人物画技法は，紙と鉛筆が用意された後，単に「人物を描いてください」と被検者に教示することにより始められる。しかし，この簡単で直接的な教示に対しては，「棒のような人物か，人物全体か，どのような人物を描くのか」などの多くの質問が出されることがよくある（Koppitz, 1968）。これらの質問には通常，漠然とした一般的な表現（例えば，「どんなやり方でもあなたが描きたいように描いてください」）で答えるのが最もよい。自分には描画の能力がないと感じているために描きたくないと言う人には，たいていは「あなたができる最善を尽くして描いてください」とか，「あなたが上手に描くかどうかには関心がありません。それよりもあなたが人物を描くことだけに関心があるのです」とか，「どんなふうに描いてもかまいません」などというように安心させれば十分であろう。

　最初の人物を描き終えると，被検者はそれと反対の性別の人物を描くよう教示される。これは性的同一性の表現という意味で非常に重要である。マコーバーによれば，圧倒的に多数の人が，最初の教示をするとまず自分と同性の人物を描くという（Machover, 1952）。描いている間には，被検者についての仮説を立て始めるために，身体部分がどのような順序で描かれていくのかといった細かな手順が観察される。その際に，年齢や個人的感情といった特定の性質を引き出すために，検査者が被検者に描かれた人物についての物語を作らせる場合もある。

　人物画の提案者の間では，人物画に表れた特別な徴候や情緒的指標と本人の明確なパーソナリティや特徴との間に1対1の関係はないということで意見が一致している（Hammer, 1967; Koppitz, 1968; Machover, 1952）。これらの変数を調べる多くの試みは，不安，葛藤，あるいは態度は，その時々でも人によっても様々な方法で表現されるということを示している。このことから，意義ある診断をひとつの徴候のみから下すことはできないし，そうすべきではないということが言える。むしろ，描画を分析する際には常に，指標の組み合わせの場合と同じように，描画全体を考察しなければならない。それだけでなく，描画は描き手の年齢，成熟度，情緒的状態，社会的文化的背景と，その他の歴史に基づいて解釈しなければならない。描画の中で注意して解釈されるべき要素の一例は，時として不安の情緒的指標のひとつとされる描線の質の大ざっぱさである。事実，この大ざっぱさは年齢と共に増し，ほぼ常にある程度の不安を示しているほとんどの思春期・青年期の人にそれが見られるのは正常である（Koppitz, 1968）。

　しかしながら，人物画には人物画テストに関する多くの研究で母集団に共通して見られ

た特定で，臨床的に重要ないくつかの徴候がある。次に示す情緒的指標の簡略リストは，この分野の理論家や研究者が特定の徴候を解釈することに成功してきたという確信を持ってこれらの絵を見るための，ガイドラインを提供してくれる。

1）人物像各部の統合の乏しさ
　　欲求不満耐性と衝動性の低さ
2）陰影づけ
　　不安（陰影が強いほど，不安感が激しい）
　（a）顔面部の陰影
　　　　非常に歪曲した，乏しい自己概念
　（b）上肢部の陰影
　　　　攻撃的な衝動
3）傾斜15度以上の人物
　　不安定性と精神的不均衡
4）極めて小さな人物
　　極度の不安定性，引っ込み思案，うつ気分，不全感
5）大きな人物
　　拡大性，内的統制の乏しさ
6）透明性
　　未熟性，衝動性，行動化傾向
7）歯部
　　攻撃性（口唇に関係したもの）
8）短い上肢部
　　引っ込み思案傾向，内向，衝動抑制の傾向
9）長い上肢部
　　成就野心または獲得野心，他者獲得野心
10）大きな手部
　　行動化
11）手部の切断
　　困難さ，不全
12）上肢部の省略
　　敵意または性的関心への罪意識
13）横目
　　猜疑心と偏執的傾向

第 2 章　描画による診断過程

[事例の紹介]

　14歳のハンナは，裁判所の命令により評価と治療のために州立精神科病院の思春期病棟に入院した。その病棟に入院した時，報告によると彼女は妄想と幻覚を体験していた。それは魔神と悪霊とが彼女の身体に入り思考をコントロールしているというものであった。この入院以前に，彼女は薬物を乱用し，放浪や無断欠席をしていた。彼女はその1年前，自殺企図で入院していた。

　評価過程の一環として，ハンナは人物を描くよう求められた。この教示を受けると，彼女は素早く何かグロテスクな人物を描いた（図2-3参照）。彼女は精神障害があるとは診断されなかったし，そのテストの他の部分を見ても精神障害があるという診断を支持するものはなかったが，非常に憤怒的で冗舌に思われた。絵を仕上げる時の彼女の衝動的なやり方と，描かれた人物の身体部分の不均整は，内的コントロールの乏しさと欲求不満耐性の低さを示唆するものであった。一般に，歯を描くのは非常に怒りっぽい人である。他のテストデータもすべてこれら最初の仮説を強く支持するものであった。

　16歳のポールは，学校のソーシャルクラブの大人のリーダーから性的虐待を受けたことが判明した後，心理テストに紹介されてきた。最初の性的虐待はとまりがけの外出の間に起こった。検査者に伝えられていた症状は，学校での喧嘩の増加と，社会的状況からの極度の引っ込み思案が目立つことなどであった。ポールの家庭生活は不安定であり，頻繁な引っ越しや母親の3度の結婚を体験していた。彼は本当の父親を知らされていなかった。その性的虐待が発見される以前のポールは，学校では活発な生徒で成績もよかった。

　人物を描くように求められてポールが描いたのは頭部のポートレイで，身体部分はほとんど描かれなかった（図2-4）。この描画に見られる目立つ特徴は，抑制された不安を示していること（はっきりと途切れた輪郭に見られる，陰影と引っかいたような線），ポールが体験した疑念あるいは偏執の程度（耳の過度の強調），身体に関する思考への怖れ（はっきりした形の欠如），そして彼が感じることを余儀なくされた全体的な恐怖（ぽかんと見つめる空虚な目）などであった。テスト・バッテリーの他の部分でも，彼には神経過敏と不信感がはっきり見られ，それらは彼にとって大きなストレスの原因となっていた。

■ 雨の中の人物画（*Draw-A-Person-In-The-Rain*）

　人物画（D-A-P）に非常に興味深い改訂がなされたものが，雨の中の人物画（Draw-A-Person-In-The-Rain）である。この人物画の基本的な教示の単純な改訂は，多くの素晴らしい結果を生んだ。この人物画のバリエーションの起案者（アーノルド・アブラムスかアブラハム・アムチンのどちらかであると思われる［Hammer, 1967より引用］）は，

図2-3

第 2 章　描画による診断過程

図 2-4

　クライエントを取り巻く環境の中にあるストレッサーのシンボルである雨の中に置かれた時の，身体像を知る手順の立案を試みたのである。
　この技法は，クライエントの自我の強さに関連する関心が表現されてくる場合に，診断する人に有益な情報を提供すると思われる。他の有用なテストデータと併せてこの技法が活用されるならば，「この人はストレスのある環境にどのように反応するか？」「この人は不安を引き起こす環境に対処するためのどのような個人的な方策を持っているか？」「こ

の人は不安を引き起こすと考えられる状況の中で効果的に計画を立てられるか？」「この人は不愉快な状況に直面した時，どのような防衛の仕方（例えば，否認，引っ込み思案）をするか？」といった関連質問のすべてについて回答が得られる。

　人はしばしば保護的な覆いのない髪の乱れた人を描くことにより，自らが感じる「投げ捨て」られているという無力さを反映させるであろう（図2－6に見られるように）。これはまた，彼らの心の奥底の自己への関心が極めて小さいことと，おそらく未解決の依存問題を表現していることが多い。このような描画を描く人は不満足な環境から離れようとする動機づけを持たないばかりでなく，彼ら自身が主導権を持つような状況になった場合に，挑戦に向き合えるように備えることもしないのである。ストレスに直面しても圧倒されない人，あるいはパニックにならない人は通常，保護的な布か用具（例えば，傘）と満足した顔を描く。少しの不安にも敏感に反応する人は，逃避する手段なしにパニックに襲われたように自己を表現することが多い。

　この描画と評価の中で描かれた他の人物画とを，あるいはテスト・バッテリーにおける他の診断の道具とを，比較することが常に望ましい。例えば，引っ込み思案傾向を反映しているある描画が示唆していることと，他者との関係における受動的スタイルを示す可能性のあるロールシャッハテストやTATに対する反応が一致するか？　あるいは，人物画の質はストレス状態が始まると低下するか？　この後者の場合，その人は十分に表現するのに適当な補修能力を用いているか，そして外的状況に直面した時にのみ自己の奥底にある恐怖を明らかにするか？　このように，しばしば人の異常反応の傾向は，一般的な描画の中には見ることができない。どのような病理的要素の存在も，通常とは異なる要求がなされる時にのみ発見される。もちろんこの発見こそが，大多数の投影法による評価の第一義的目的である。

［事例の紹介］

　16歳のハンクは少年拘置センターに入所していたが，そこから心理テストの依頼が出された。その依頼は，暴力的な家庭状況とすぐに切れて激情に走る彼の生活歴を考慮しての拘置勧告のためであった。それまでに行われたテストの結果では，彼は不安や衝動のコントロールに問題があったが，知的水準はその年齢の平均値より上であった。

　ハンクの雨の中の人物の描写は，彼の知覚したストレス状況の影響が描かれているという点で注目すべきものである（図2－5参照）。描かれた人物はレインコートと帽子という防護用具を着けているが，彼はそこに嵐の中で壊れた傘を描いている。この不完全な防護は彼の壊れやすい防衛機制を象徴しているように見え，そのことはテストの中で得られた他の所見によっても強調されている。実際ハンクはストレスに直面すると，逃避するか感情を爆発させるかのどちらかの方法で不安を解消しなければならないことがわかった。そ

第 2 章　描画による診断過程

図 2−5

の絵の中に描かれた家は，彼にとっての安全で暖かい場所を表しているように思われ，それは彼の願望の大部分であった。ハンクはまた，その家へ続くはっきりした道を描いたことを通して，もしも彼が嵐からぬけ出すことさえできたら，ただその道を進むだけでその場所にたどり着けるということを暗に示していた！

次のひどく悲しい絵は，数年間入所型治療施設にいた16歳のピーター少年が描いたものである（図2-6参照）。彼のうつ状態と現実適応の程度を知りたいというのがテスト依頼の理由であった。彼は次第に処遇困難になってきており，入所を継続するかは評価の結果に基づいて決定されることになっていた。その少し前にあった口論の中で，ある人がピーターに向かって同性愛傾向があると言ったために喧嘩になり，彼はその人に怪我を負わせた。

絵に雨を加えるようにという教示の結果出来上がった描画は，いくつかの理由から注目すべきものであった。第1に，ピーターが最初に描いた人物画は身体が痩せこけていて頭部が大きすぎたが，各身体部位にひどい歪みはなく，比較的普通であった。この描画はピーターがでっぷりと太っていたことを考えると痛快でもあった！　この精神活動への集中力は，彼がロールシャッハのプロトコルでインクブロットに非常に距離を置いた反応を示したことに反映されている。第2に，教示によりストレッサー（すなわち，雨）を加えることによりピーターは，外的な保護や防御なしで最低限のストレスに直面した時の自分自身をどのように知覚しているかを正確に描いた。第3に，顔の表情や貧弱な身体像で示されている彼の自尊心の低さと深い悲しみは，うつと過敏さがあるという彼のMMPIの結果とも一致していた。この鮮明な自己像から，治療の中心点を変えて，このような苦痛の中にいるピーターを支援する治療計画が立てられた。

■ 家屋―樹木―人物画（*House-Tree-Person*）

この家屋―樹木―人物画（H-T-Pと略す）は，同じ年代に作成された知能検査の補助的なものとして発達した（Buck, 1948）。このH-T-Pは，臨床家がクライエントのパーソナリティの統合性，成熟性，効率性の程度に関するデータを収集するのに役立つ技法として用いられ始め，今もなおそのように利用されている。これら3つの刺激物を自由に描くことが，情緒的に締めつけられている人により自由な表現への道を提供するという発見は，臨床の面からも有効であることがわかった。

これら3つのもの（すなわち，家屋，樹木，人物）が選ばれたのは，幼児が親しみを感じるだけでなくあらゆる年齢層に受け入れられるものであり，しかも他のものと比べて豊かな連想を刺激する力を持っているという理由からであった。これらのものが描かれた描画は評価で用いる以外にも，不適応を発見するための集団テストのスクリーニング手段や，就学する子どもを評価する際の補助的な手段として，さらに雇用にあたっての志願者

第 2 章　描画による診断過程

図 2 - 6

スクリーニングの評価手段や，同一サンプル内の共通因子を抽出するための研究用具としても有用であることが判明している。

一連の教示には，被検者に家屋と樹木と人物を描くよう求める際には，タイプ，大きさ，状態などのいかなる付加的なコメントも加えないよう明記されている。被検者は個人的に体験した多くの様式の中からこれら3つのものを描かなければならない。このH－T－Pの順序（訳者注：最初に家屋，次に樹木，最後に人物という順序）は常に同じであるが，それは樹木と人物の描画には個人的な反応が現れやすいことがわかっているため，この順序だと心理学的に次第に難しくなっていくと考えられているからである（Hammer, 1967）。

家屋

家屋画は被検者の家庭に関する関係性や，家族状況の中で体験してきた対人関係の力動性に関する関係性を引き出しやすい。これは理論化されてきていることであるが，家屋は愛情と安全が求められる場所を代表している。このように考えると，煙を吐いている煙突の描画は暖かさや愛情と関係している（DiLeo, 1983）。家屋を描くように教示されると，その外観のみが描かれることが多い（DiLeo, 1983）。内部状況も含めた家全体の描画を描かせるためには，検査者から直接的な教示がなされなければならない。

家屋画の解釈は，煙突が強調されているような時は男根期の葛藤，窓にある種の苦心が見られるような時は口唇期の問題などと，絡み合っていることがある（Hammer, 1967）。発達的な違いも家屋画によって表現されるであろう。例えば，子どもは家屋を描く時に両親ときょうだいへの態度を示すのに対して，既婚の大人は配偶者との家庭内での関係に焦点を合わせる傾向がある。さらに，8歳以下の子どもは家屋の傾斜に対して垂直に煙突を描くことが多く，正しく描かれた煙突はその子が発達の中で重要な認知困難を乗り越えてきたことを示す（DiLeo, 1983）。

次に挙げる指標は，家屋を描くようにという教示から観察されるであろう無数のバリエーションについての解釈ガイドラインの一部である（Jolles, 1971から引用）。どのような解釈も，H－T－Pのすべてから得られた要素を考慮に入れた文脈の中で，臨床歴や現在の問題，そして他の評価データからの確証に沿ってなされるべきである。

1）細部
  （a）　本質的な部分（正常な描画の時）
    少なくとも1つのドア，1つの窓，1面の壁，1つの屋根，1本の煙突
  （b）　無関連な部分（例えば，低木，草花，歩道）
    環境をより完璧にすることの必要性。不安定感や対人接触におけるコントロールの訓練の必要性と関係していることが多い

2）煙突
　　　暖かく親密な関係の象徴。重要な男根象徴と関連している場合がある
　（a）　煙突の欠如
　　　　　心理的暖かさの欠如または重要な男性像との葛藤
　（b）　過度に大きな煙突
　　　　　性的関心の過剰な強調，または露出傾向の可能性
　（c）　おびただしい煙
　　　　　内的緊張
3）ドア
　（a）　家屋の床面より高い位置にドアがあり，ステップがない
　　　　　対人関係における近づきにくさ
　（b）　ドアの欠如
　　　　　他者の接近を許すことについての極度の困難さ
　（c）　開いているドア
　　　　　外部からの暖かさを受け入れたいという強い欲求
　（d）　非常に大きなドア
　　　　　他者への過度の依存
　（e）　錠やちょうつがいの付いたドア
　　　　　防衛
4）家のまわりのフェンス
　　　情緒的保護の必要性
5）溝
　　　猜疑心
6）紙の下部に描かれた家屋
　　　家庭または暖かさの基本的な不安定さ
7）下方から見た鳥瞰図
　　　家庭の拒絶または獲得できない理想的な家庭状況の感情
8）上部から見た鳥瞰図
　　　家庭状況の拒絶
9）屋根
　（a）　平面的な屋根（2面の壁を結びつける1本線）
　　　　　想像力の欠如または情緒的萎縮
　（b）　過度に大きな屋根
　　　　　空想の中での満足の追求

10) シャッター
    （a） 閉まっているシャッター
        極度の防衛性と引っ込み思案
    （b） 開いているシャッター
        感受性を持った対人適応力
11) 歩道
    （a） 非常に長い歩道
        近づきやすさの減少
    （b） 家屋の側では狭く，最後のところでは広い歩道
        表面的な親しみ
12) 壁（適切なもの）
    自我力の程度を直接的に示す
13) 窓
    （a） 窓の欠如
        敵意，または引っ込み思案
    （b） 1階には窓があるが，上階には窓が欠如
        現実と空想との間のギャップ
    （c） カーテンのかかった窓
        打ち解けない，感情抑制
    （d） 飾りのない窓
        行動がひどく鈍く直接的

[事例の紹介]

　12歳のアンナは，入所型治療センターへ入るために評価を受けた。彼女は父親が母親を殺害するのを目撃し，その後おばに引き取られて暮らした。この悲惨な出来事の後の彼女の適応は，数回の治療介入にもかかわらずかなり悪かった。彼女の世帯には彼女の妹とおばの3人の子どもたちがいた。彼女はいとこを喧嘩ごしで脅したり，自殺の素振りを見せたりして，その世帯に絶えず騒ぎを起こしていた。

　テスト・バッテリーの一部として家屋を描くように求められると，アンナは次のような描画を急いで描いた（図2-7参照）。衝動的で何の配慮もしないスタイルに加えて，アンナは後にその評価の別の部分で描かれた描画の中でいくつかの関連した情緒的特質も示した。紙の左下から伸びている長い歩道は，彼女の環境にまとまりが必要であることを，そして少なくとも情緒的な近づきやすさに対する彼女の両価的感情を示していると思われる。飾りのない窓は，彼女の直接的で鈍感な人への近づき方を示している。また，煙突か

ら伸びた1本の線は，彼女から見てその世帯が情緒的に成熟していないことを示唆しているのかもしれない。

　14歳のジョンは，知的水準と情緒的状態を測定するために評価された。この評価は治療計画とアフターケアのために適切な戦略を立てようとしていた治療チームを支援するためのものであった。彼はそれまでは父親と暮らしていたが，最近母親とその新しい夫の家に移り住んだばかりだった。テストの時の彼は，両親の離婚をうまく切り抜ける見込みがあるようには見えなかったし，自分を支えてくれる強さのある人物として義父を受け入れることもなかった。両親の離婚以来の彼はうまく適応できず，学校への出席の問題，盗みや喧嘩といった非行，感情爆発などが見られた。初期評価を行っている間に，彼の特殊な家

図2-7

庭状況を理解するための基礎資料を得るため，家屋を描くよう求めた。

　ジョンはこの描画で家屋を細部まで描いたが，上方からの鳥瞰図であった（図2-8参照）。家族画を解釈する際の情緒的指標のリストで述べたように，この視点から描かれた描画は通常，家庭状況を完全に拒否しようとしていることを示す。このことは間違いなくジョンにもあてはまっており，彼は母親の家庭に再び戻るための心の準備ができていなかった。

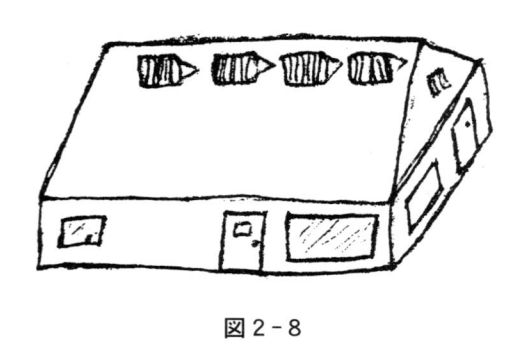

図2-8

樹木

　樹木画は，その人の人生における役割と，環境から利益を得る力に関係しているとされている。一般的に樹木画は，正確な身体的成長の状況を示したり，またはテストを受けている人の個人特徴を示すといった，「人生の内容」に関する洞察を提供することについて特に優れていると考えられている。

　樹木は自己に対する長年の無意識的感情を反映すると考えられ，これらの感情はより基本的で根本的なレベルに存在する傾向のものである。また樹木は人物や家屋よりも否定的自己感情を投影させるのが容易な対象であり，「家庭により近い」ものである人物画から1歩離れたところにある。

　バックのH-T-Pマニュアルの中の樹木画の説明と解釈に加えて，他の2つの解釈システムが発展してきている。それらは多くの説明と解釈上の価値に関するディテールを提供してくれる唯一の診断的実体として，樹木に焦点を合わせたものである（Bolander, 1977; Koch, 1952）。読者は投影法としての樹木画の使用を十分理解するためにも，これらの本を参考にされたい。

　樹木画に現れる可能性のある次の徴候や記号は，解釈可能なサンプルのうちのごくわずかであるが，被検者に関する情緒的仮説を探求する上での初期案内を読者に提供してくれる。

1）極度に大きな樹木
　　　攻撃的傾向
2）小さな樹木
　　　劣等感，無力感
3）弱々しい線
　　　不全感，優柔不断
4）2線による幹と環状の冠部のみで構成された樹木
　　　衝動的，移り気
5）幹の極端な強調
　　　情緒的な未熟性
6）冠部の極端な強調
　　　感情の抑制，分析的
7）根の極端な強調
　　　浅い情緒的反応，限られた理性
8）傷痕，節穴，折れた枝
　　　外傷との関連，例えば，事故，病気，暴行（樹木の長さによって時間決定）
9）地面の線の欠如
　　　ストレスを受けやすい
10）地面の線はあるが，根がない
　　　抑制された感情
11）ひどく暗いか，強調された陰影
　　　敵意のある防衛または攻撃行為
12）細く，途切れた線
　　　顕在的な不安
13）節穴
　　　性的シンボル
　　（a）小さいかダイヤモンド型
　　　　　膣に関係
　　（b）小さくて単純
　　　　　性的暴行または最初の性体験
　　（c）外側線の強調
　　　　　大きな衝撃
　　（d）内側の円
　　　　　過去の経験と「癒し」

（e）　黒く塗り潰されている
　　　　　　経験に関する恥辱
　　　（f）　大きい
　　　　　　生殖への強い関心
　　　（g）　穴の中に小さな動物
　　　　　　子育てに関する両価的感情

[事例の紹介]
　8歳のジェニファーは，学業成績が次第に下降してきているために外来児童精神科センターで心理テストを受けるよう紹介されてきた。彼女の紹介文には年下のきょうだいとの喧嘩，盗み，遺尿症などの問題行動も記載されていた。入所時の記録には身体的虐待あるいは性的虐待がある可能性も記載されていた。初期評価の間に，ジェニファーは家屋画，樹木画，人物画を描くように求められた。
　この教示を受けて，彼女は内的混乱の多くを明らかにする樹木を描いた（図2-9参照）。この描画に見られる目立つ特徴は現在の彼女の状態に関する仮説となったが，それらは，1）重々しく強調された樹皮の線と敵意的・攻撃的な防衛を表す陰影，2）不安を表すスクリブル，3）痛々しい空想生活を拒否ないし否定する試みを表す，上部がぞんざいに平らになっている枝，4）不安定さを表す地下に入り込んだ根の強調，5）最近起こったと見られる外傷体験に関するひどい羞恥を表す黒く塗り潰された節穴，である。これらの情緒的指標とその他のこれらを支持するテストデータから，この少女に最近外傷体験が起こったことが明らかであると思われた。このことは後に，家庭保護サービスを行っているケースワーカーによるさらに詳しい調査によって，家族内で近親相姦が起こっていることが発見され，その確証が得られた。
　11歳のリンは，喧嘩，感情爆発，無断欠席，隣家への破壊・侵入行為などのエスカレートした自制困難行動により，州立精神科病院の評価棟に入院した。樹木を描くように求められると，彼女は素早くなかなかバランスのとれた樹木を描いた（図2-10a参照）。そこには不安（不調和な樹皮），衝動的で無目的な行動（隠された枝），行動の膨張性（大きな樹木）などのちょっとした情緒的指標が見られるが，樹木全体は彼女の背景（孤立しており，田舎育ち）や現在の問題を考慮すると，かなりよくバランスがとれた形になっている。リンはその後すぐに自発的に紙を裏返して，突然，検査者が他の人たちがするのと同じように樹木を描くように求めたと思ったと言い，そして，今描いた樹木は彼女の樹木ではないと言った。そしてまったく違う樹木を急いで描いて，これが彼女の樹木の描き方であると言った（図2-10b参照）。この描画を見てわかるように，その樹木は前の描画と比べて多くの不安定さと不毛さを示しており，それは彼女の情緒的な状態により近いように

第2章　描画による診断過程

図2-9

47

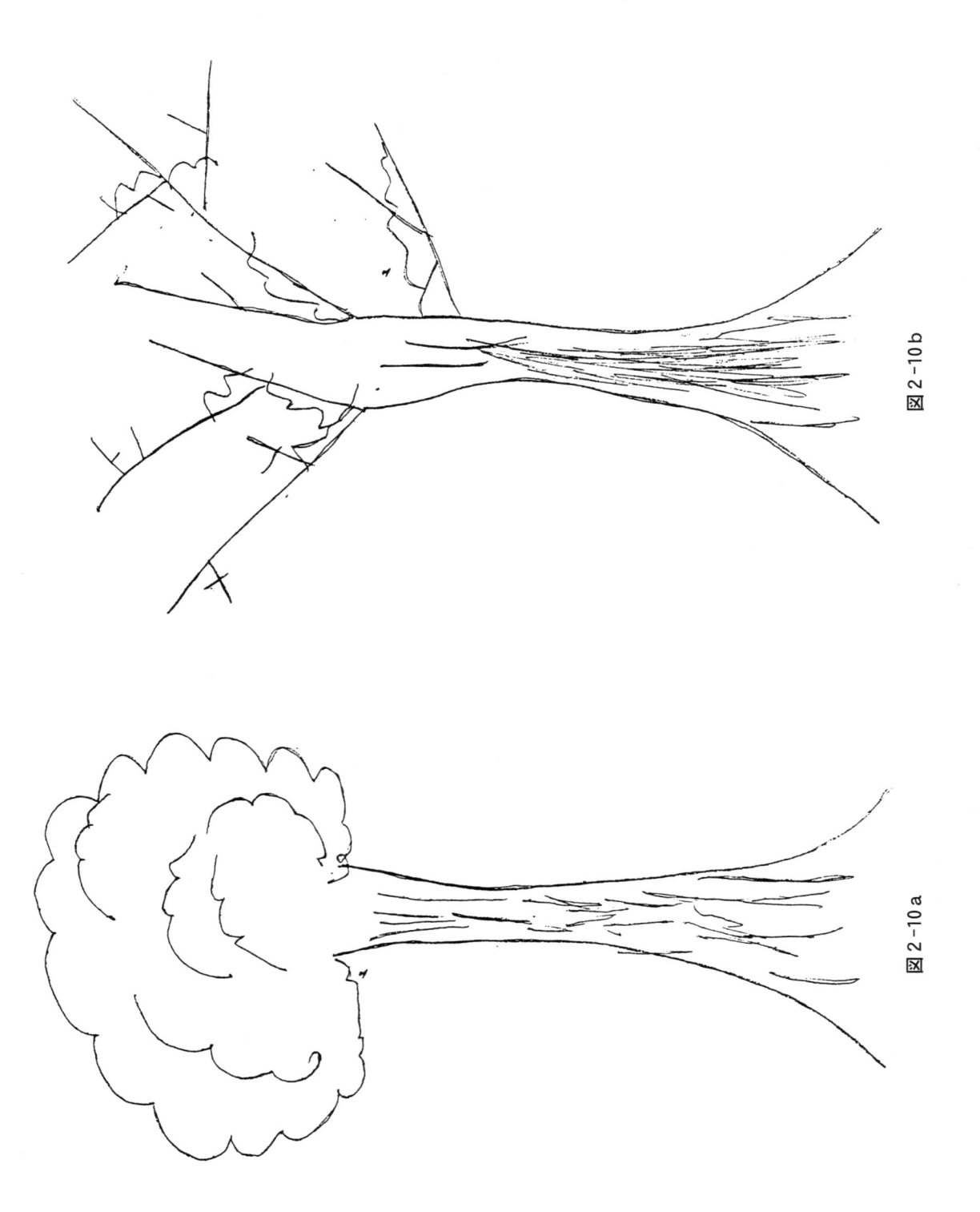

図 2–10 b

図 2–10 a

見える。折れた枝や枯れた枝は通常，過去の身体的外傷体験と生活での満足の欠如（この2つは彼女の生活に明らかに存在している）を反映している。また，波状の幹は，その前の描画よりも彼女の退行行動と衝動行動を正確に表現しているように思われた。リンは外的コントロールと制限を認識し，それらに対応する能力を持っていたため，カウンセリングを受けながら，地域に戻り整備されたグループホームで生活することができた。

人物

　人物画は身体的意味と心理学的意味の両方で，身体的イメージと自己概念に関する意識的な感情を刺激すると思われる。例えば，不全感は小さな描画やだらりと下がった腕によって表されるかもしれない。人物画はまた対人関係に関する感情を喚起するようである。また，理想自己への感情を引き出す傾向もある。H-T-Pの3つの描画の中で人物画は最も描くのが難しく，失敗を怖れる人は描くことを拒絶することが多い。それ故，描画を完成させるように求めるには，検査者の大いなる励ましが必要である。人物画については3つの中でも歴史的に最も多くの検討が加えられてきたし，スコアリングの様々なバリエーションを持つため（グッドイナフ―ハリス描画テストとマコーバー人物画テストについて前節を参照），ここでは特に詳しくは述べない。しかしながら，可能な情緒的指標を完全に知っていただくために，次の徴候を他の節で挙げているものに加えておく（Jolles, 1971から引用）。

　　1）腕
　　　　周囲の環境を変化させるためまたはコントロールするために用いられる
　　（a）腕を胸部で組む
　　　　　敵意または疑念
　　（b）腕を後ろで組む
　　　　　怒りや対人関係における嫌悪をコントロールすることへの欲求
　　（c）腕の省略
　　　　　不全感，無力感
　　2）足
　　　　対人関係における活動程度
　　（a）長い足
　　　　　安全や力強さへの努力
　　（b）短い足
　　　　　依存性，鈍感さ
　　（c）足の省略

　　　　　自立の欠如
3）指
　（a）長くてスパイク様の指
　　　　　攻撃的，敵意
　（b）環か線によって囲まれた指
　　　　　攻撃衝動を抑制したいという望み
4）頭
　（a）大きい頭
　　　　　空想生活への強い関心，精神生活に焦点を合わせている
　（b）小さい頭
　　　　　強迫─強制的，知的不全感
　（c）後ろ向きの頭
　　　　　偏執的か分裂病質の傾向
5）脚
　（a）脚の欠如
　　　　　締めつけられている感じ，去勢不安の可能性
　（b）脚の長さが違う
　　　　　自立に関する混合した感情
　（c）長い脚
　　　　　自律への努力
　（d）短い脚
　　　　　情緒的に無感動
6）口
　（a）過度に強調された口
　　　　　未熟さ，口唇による攻撃
　（b）非常に大きい口
　　　　　口唇による性愛
7）肩
　（a）両肩が不揃い
　　　　　情緒的に不安定
　（b）大きな肩
　　　　　力への顕在的欲求に強い関心
　（c）角張った肩
　　　　　他者への過度の防衛，敵意

第 2 章　描画による診断過程

[事例の紹介]

　次に示す 2 例は，1 枚の紙に家屋，樹木，人物の課題全部を描くようにという教示で行われた統合 H-T-P である。この教示は各課題間に連続性を生じさせ，また描画後の面接において物語を作り出す機会を与える。

　9 歳のウイリアムは，小学校の担任教師の紹介で両親に連れられて外来精神保健センターに来た。彼は父親（運送業者），母親（専業主婦），7 歳と 1 歳の 2 人の妹，5 歳と 3 歳の 2 人の弟という世帯で生活していた。現在の問題は，家庭と学校の両方での問題行動にあった。ウイリアムの問題行動は虚言，盗癖，そして弟や妹との葛藤であった。彼はしばしば喧嘩が理由で学校を停学になっていた。家庭での身体的虐待の報告もあった。

　H-T-P を描こうと試みたウイリアムの最も重要な描画は，彼の自己陶酔を感じさせる人物であった（図 2-11 参照）。鋸歯による口の強調は強い敵意と口唇による攻撃スタイルを示唆している。この事例のように，帽子が描かれている場合，それは憤怒感情に圧倒されそうになることへの怖れを軽減するために，その憤怒感情をコントロールするのに大変多くのエネルギーを費やしていることを暗示しているのが普通である。またこの人物像ではベルトのまわりに強調点が置かれており，これは性的関心を示唆する。家屋と樹木には飾りはなく，目立った不安の徴候をほとんど示さずにコントロールされているように思われた。ポーチにぶらさがっているもの（右側）は家屋が崩壊し始めていることを暗示する光線のように見える。しかし，ウイリアムがそれらの描画について語った物語は，彼が評価されている間ずっと憤怒感情の多くを防御したり否定したりしたように，素直すぎるように思われるものであった。こうした評価過程の結果，ウイリアムと家族はファミリーセラピストの治療を受けることになった。

　15 歳のチャールズは，言語脅迫や自殺脅迫，妄想体験，逃走，中間施設での猫の殺害により，州立精神科施設へ入所した。彼が暴力と報復に強い関心を持っていること，慢性的なうつ状態にあることは明らかであった。家から離される前に，彼は破壊と侵入，そして数丁の銃の所持のために逮捕されたことがあった。

　チャールズの H-T-P の構成で注目されたのは，コントロールへの欲求，明らかな猜疑心と偏執的傾向，そしてその顕在的な攻撃性が非常に強調されていることであった（図 2-12 参照）。彼は，外まわりの強い線，避雷針を入れること（構造とコントロールへの欲求），陰影（不安），煙突からのおびただしい入念に描かれた煙（内部に存在する怒り），屋根の強調（内的空想をコントロールする試み），そしてドアの覗き穴と窓の日よけを入れること（共に猜疑心と偏執病質の徴候）に特に注意を払ってこの家屋を描いた。それに対して樹木画は健康度の高いパーソナリティを示唆するものであった。そこでは不安と強迫行為の情緒的指標のみが非常に目立っていた。チャールズはまず人物画にとりかかり，彼自身のやや偉そうな自己知覚を示す非常に大きな人物を描いた。けれども彼はすぐさま

図 2-11

図 2-12

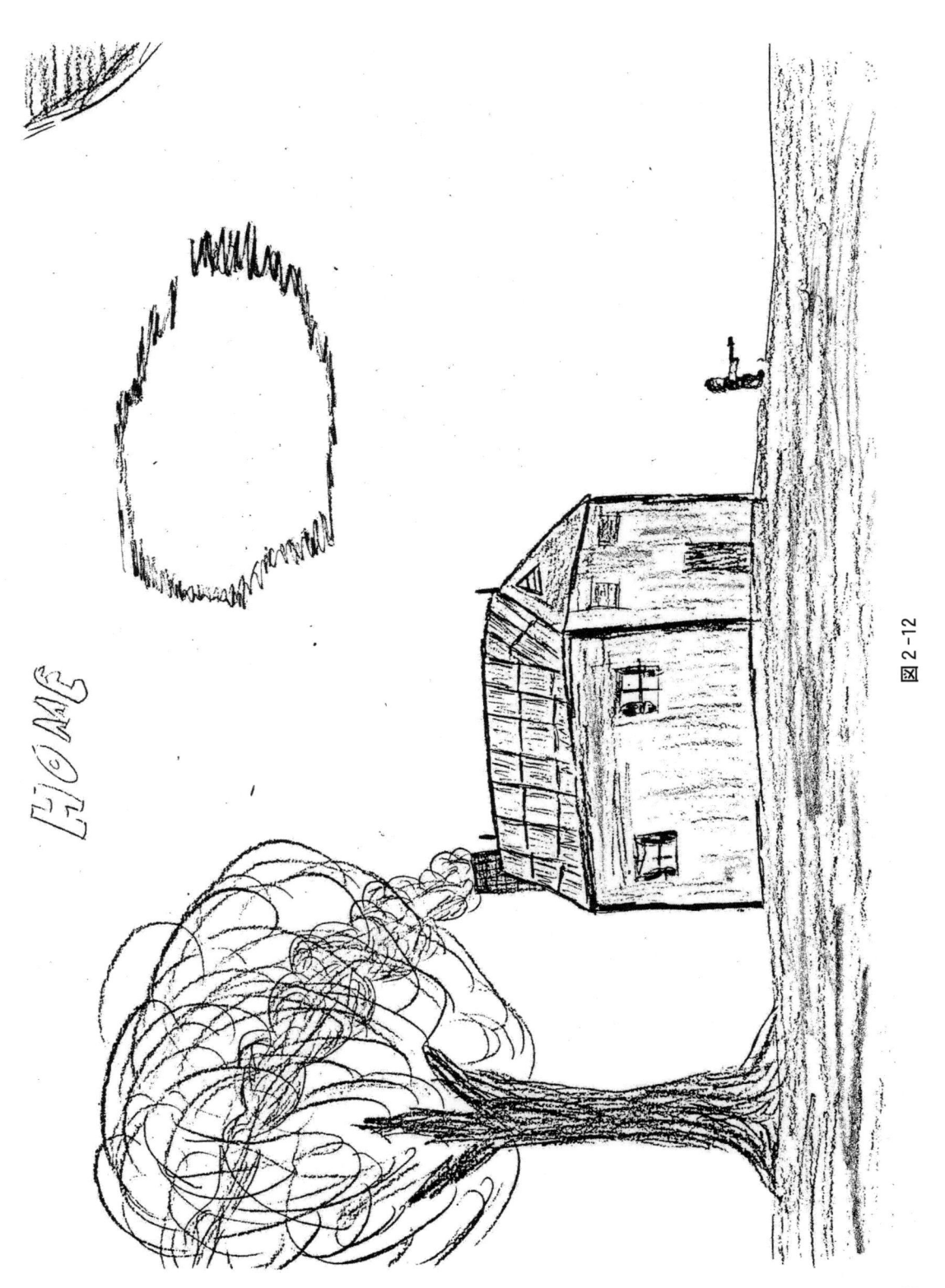

それを消して，隠れた不全感があることを示唆するちっぽけな人物を描いた。その人物は侵入者に発砲して自分の家を守っていた。彼はその描画を，彼が家から引っ越しさせられる前に起こったことと関連づけることができた。

このH-T-Pから得られた情報は，多分野にわたる治療チームのメンバーによって他の評価から引き出された知識と一致しており，チャールズは病院にとどまり，自己評価と現実検討を高めるために，様々な形態の治療を受けた。

■ 家族画 (*Draw-A-Family*)

家族画，あるいは家族画技法（Family Drawing Technique）は，人格投影指標としての人物画の使用を綿密に仕上げたものである。この情報の収集法は，最初はアペル（Appel, 1931）により考案され，後にウォルフ（Wolff, 1942）により一層精巧に練り上げられた。その驚異的な人気は，現在の治療の強調点が家族構成と家族介入に置かれているということと相似のものと言えるであろう。家族画の簡潔さは，その施行により得られる情報の豊富さと共に，家族画を身体保健専門家と精神保健専門家の両方に利用される一連のテスト道具に加えられた魅力的なものにしている。

たくさんの情報を与えてくれるこの技法の教示は最少限のものである。検査者は被検者に鉛筆と紙を用意して，「あなたの家族全員の絵を描いてください」と求める（Harris, 1963）。もしも被検者が家族のメンバーの名前を示さなかったら，後からそれらの人たちは誰であるのかを尋ねる。完成した描画は家族のメンバーへのその人の態度と，家族の役割についてその人がどのように知覚しているかを表す傾向がある。家族関係は往々にして，人物の相対的な大きさや位置，そして家族のメンバーの置き換えや誇張により表現される。時々，被検者は家族画の中で自分自身を省略することがあるが，このことは通常拒絶感を反映している。これは特に養子である子どもの家族画に，特に自己同一性が問題となる青年期に現れた（DiLeo, 1983）。

もうひとつの有効な家族画の改訂版は，動的家族画（Burns & Kaufman, 1970; Kinetic Family Drawing, K-F-D）で，それは先の家族画の教示に「何か（ひとつの活動）を一緒にやっているところ」という教示を付け加えるものである。この家族画バリエーション技法はまた被検者に自分自身を含めて描くように求めるが，被検者が自分自身を省略する可能性をつぶさないように，通常最初の家族画の後に実施される。後からこのように付け加えるとしばしば，被検者から「私たちは何も一緒にしません」というような反応が返ってくる（これは間違いなく，特に子どもの場合は，家族の相互作用に関する最初の仮説の中の際立った情報である）。この教示は子どもには非常に適切であるが，大人に使用されると子ども時代の知覚を刺激し，過去の家族経験と家族関係の記憶を呼び戻す。

第 2 章　描画による診断過程

　多くの場合，被検者は非常に受身的な姿勢の家族（例えば，テレビや映画を見ているところ）を描くであろうが，それは臨床家にとって家族のメンバー間のコミュニケーションのなさを示唆するものである。この動的家族画法で一般的なもうひとつの反応は，夕食の場面の絵である。この描写で被検者は長いテーブルの端と端に両親を描いたり（両親がお互いに対して感じている情緒的距離を示す），あるいは自分を一方の端に描いたり（被検者自身が経験しているであろう競争を証明する）するかもしれない。夕食のテーブルの上にものがたくさんあるかまったくないかは，荒れた環境で生活することに関する心配か，情緒的な豊かさの量についての関心を示していると思われる。

　これらの描画から確かめられる他の要素には，親と被検者間，そしてきょうだいと被検者間の重要な力動性を診断しようと試みていることがある。これらの力動性を読み解く手がかりは次のようなものであろう：1) 自分が知覚しているきょうだいの中でのステータスまたは拒絶感を示すために，被検者が両親の近くに自分を描いているかどうか，2) 競争を排除することの象徴的な意味を示すために，被検者がきょうだいを一部または全員省略しているかどうか，3) 家族が正確な釣り合いで描かれているかどうかで，子どもまたは大人が非常に大きく描かれて矛盾が生じている場合は，支配性や無力性を知覚していることを示す，4) 被検者自身がそこに描かれているかどうか（帰属感のなさを示す試み）。この描画で注目すべきもうひとつの臨床的徴候は，それを確認することが可能ならば，両親についての表現の違いである。被検者が両親の1人を目ざわりと，もう1人を優しいと見ているかどうか，あるいはどちらか1人をより援助的であると見ているかどうかといった指標はすべて，今後の治療計画の方針を立てるために，残りの評価期間内に追求していかなければならない重要な領域であるからである。

[事例の紹介]

　図 2-13a と 2-13b は11歳の少年であるジェイクによって，サイコロジストによる児童調停事例の中で描かれたものである。この事例では，ジェイクの母親は彼とより多くの時間を過ごすことを望んでいたが，夫と共同保護不一致で係争していた。裁判に入る前，両親は裁判費用をかけずに自分たちの争議の解決を試みることを望んだ。サイコロジストがこの件に関わり始めた時，ジェイクは主に父親と継母と一緒に住んでいた。実の母親はつい最近再婚したばかりであった。

　評価の一環としてジェイクは2枚の描画を描くよう求められたが，それらはそれぞれの家族が「一緒に何かしている」ところを1枚ずつ描くというものであった。その最初の描画（図 2-13a 参照）では，彼は家族の他のメンバーと一緒にテレビを囲んで座っている自分を描いた。この受身的な描画は家族のメンバー間にほとんど相互作用がないことを示唆している。この描画で興味深いのは，彼が父親から最も離れたところに自分を描いたこ

図 2-13 a

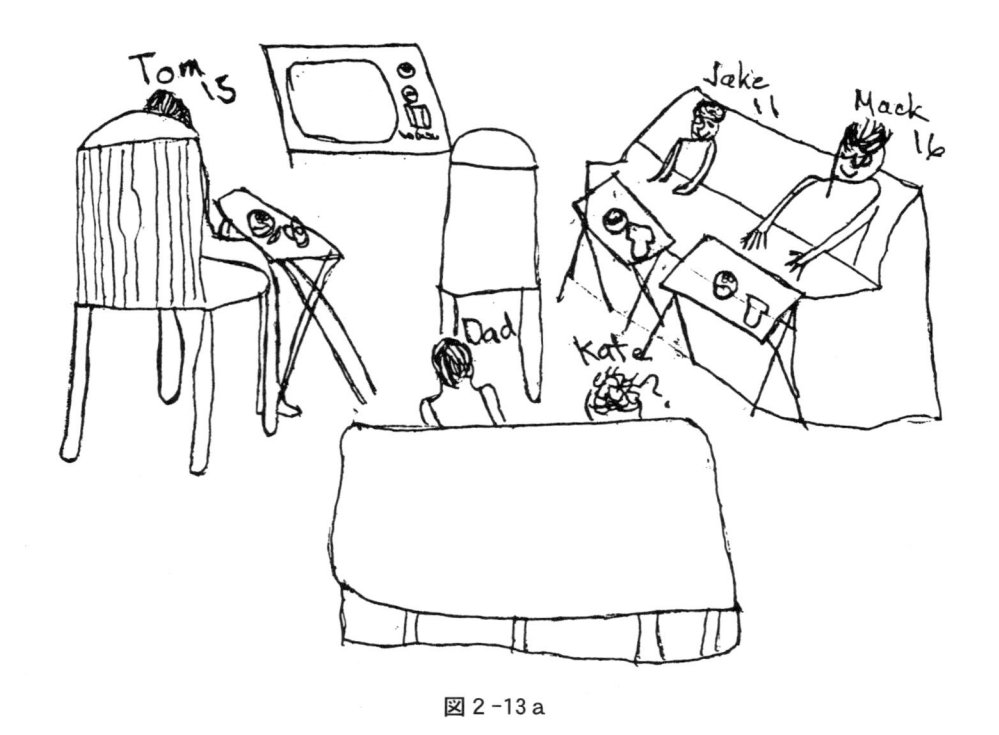

図 2-13 b

とであり，両者の間にいくらかの緊張があることを思わせた。彼はまた継母の名前の隣に疑問符を付け（Kate？），彼がまだ継母が果たしている役割を不確かと見ていることを示した。2枚目の描画で彼は，母親と継父と一緒に夕食のテーブルについている自分を描いた（図2-13b参照）。この描画では対人相互作用の多さが適切に描写されている。丸いテーブルはお互いの情緒的距離をより近づけているようにさえ見える。これらの描画は検査者にはっきりと示唆を与えてくれただけでなく，各世帯内での家族の力動性を正確に反映していることがわかった。これらの描画はこの2つの家族のそれぞれにジェイクがどのように参加しているかについてのより深い検討をする上で，大変価値のある情報を提供した。

　15歳のジェーンは，慢性のうつと薬物乱用のために開業医にかかった。彼女は頻繁な無断欠席のために中学校を停学させられていた。医学的精査の一環として，ジェーンは彼女自身を含めた家族画を描くよう求められた。完成した描画は，様々な家族のメンバー間に最小限のコミュニケーションしかないことを表すものであった（図2-14参照）。事実，家族のメンバーの誰もが非常に引っ込み思案で，しかもそれぞれが別々の活動をしているように見えた。父親はテレビを見ながらビールを飲んでいるように描かれていた。母親は本を調べながら読んでいた。そしてジェーンは頭の両側にあるステレオのスピーカーに挟まれて横になっていた。明らかに，彼女は両親との関係を求めていなかった。これは家族治療によって解決されることが多い問題を含んでいるとみなした開業医は，家族治療を専門的に行っている精神保健センターにジェーンとその家族を依頼してきたのであった。

　次の動的家族画は（形象的な意味でも文字通りの意味でも）分裂した家族を示す（図2-15参照）。左側の2人はその家族の2人の息子である。2人の内，右側に描かれている兄はすでに家を離れており，この描画を描いた弟は最近行動障害のために入院させられていた。この弟は学校を卒業するところでもあり，間もなく家を離れることになっていた。振り上げられたラケットは，2人の兄弟の家族からの独立を意味しているか，あるいは彼らの攻撃性の徴候である可能性もあると見られた。ネットを挟んで反対側には，父親，姉（または妹），母親（2人の息子から最も離れている）がいる。姉（または妹）は母親と父親の間（両親の間に位置）にいる。この描画から家族の問題に関する多くの仮説が立てられ，残りの面接と評価の間にその確証が追求された。

■ 自由画 (*Free Drawings*)

　自由画または自由連想画（free association drawings）は通常，一連の描画の最初に行われる。それらはテストを受ける人が自分自身を描画で表現しようとすることに異常に神経質になっている場合にも価値がある。たいていの人の場合，特に子どもは，誰かから教示されるよりも自分が望むものを描きたがる。そうすることで自分自身が望むやり方で

図 2-14

図 2-15

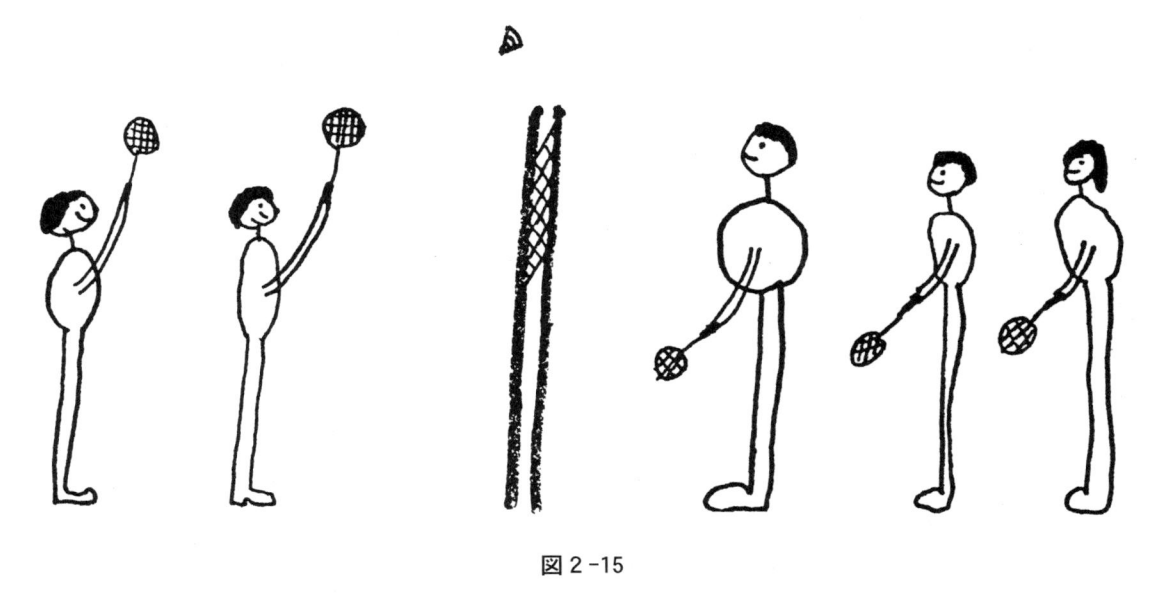

　世界を定めているのであり，後に行われる教示に協力することが多い。人は自由に教示なしで描く時に，その人自身のパーソナリティや知覚の一部を表現する。その経験は独自の思考と行動を示す機会となるが，これは治療的介入の主要な目標である。描いていく過程で，人は抑制していたり手に入らないものであったかもしれない自分自身の感情と態度を解き放つのである。

　この技法を用いる時の通常の教示は，「何か描いてください」，そして描く過程で体験するであろう「考えや気持ちをどんなことでも言葉にしてください」と求めるものである。この教示は不安を軽減し，描けないと思っている人の状況を和らげようとする試みの中で用いられる。自由画は被検者が検査者に対して心を開く機会を増やしたり，衝動行為を表出させたり，空想を顕在化させたり，葛藤領域をより自由に連想させやすくしたりするが，それらはすべて診断目的に必要なデータの収集に適切なものである。

　自由画の初期の使用者の1人は，重要な治療的道具としてアートを用いたパイオニアであるナウムバーグ（Margaret Naumburg, 1966）であった。彼女はクライエントの自発的な絵と，彼らがその絵にどのように連想を加えるかということに大きな比重を置いた。自由画に対する言語的連想は，被検者に重大な精神病理がないかを調べようとしていたり，被検者の強さと弱さを確認しようとしている診断者に，適切で豊富な情報を提供する。出来上がった作品と被検者のそれへの連想は，検査者に非常に個人的ないくつかの経験を垣間見せてくれる。自発的な言語コミュニケーションを付け加えることで，この技法は非常に価値のある啓発的な道具となる。

[事例の紹介]

　心理学的評価の初期に自由画を描くように求められた16歳のジムは,「FREEDOM（自由）」という言葉が書かれた旗を描いた（図2-16参照）。これは自分自身を反抗的で自立していると表現していたジムにとっては特にふさわしいものであった。この描画はまた,彼の両親は最近離婚したが彼はそのどちらの世帯にも適応できず,ジレンマに陥っていることを示していることもわかった。この描画と同様に,彼のMMPIの情緒的プロフィールは彼が概して権威像に挑戦的で,理屈っぽく,脅威に傷つけられやすいということを示した。似たプロフィールを持つ他の若者には,衝動を十分にコントロールせず,熟慮と慎重さを欠いた行動をとる傾向がある。これらの投影法によるテストと客観的テストの両方から一致した結果が得られ,サイコロジストは治療継続の勧告を立証することができた。

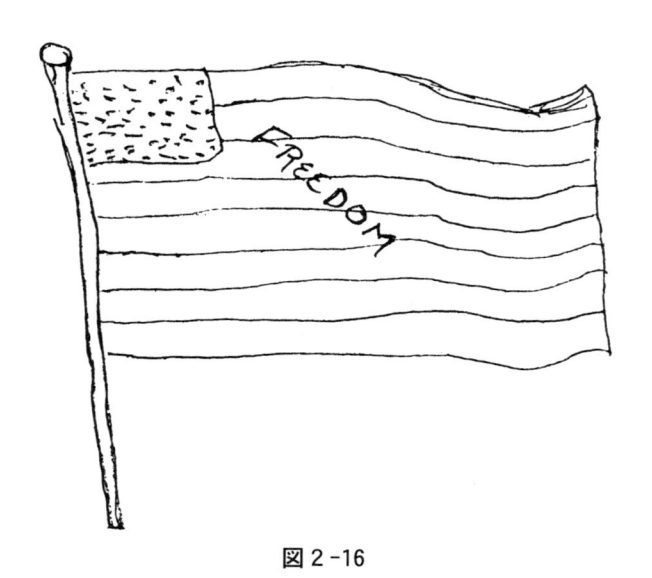

図2-16

　ある36歳の女性は,以前うつ病と診断されたことがあり,評価のために精神科クリニックの外来に紹介されてきた。この女性はアーティストであったが,最近母親が癌と診断されたことを知った。精神科医の導入的なセッションの中で,彼女は望むものを何でもよいから描くようにと教示された（図2-17参照）。気ままに描かれたその描画は,表現された感情を彼女が強く否定していることを示しているように思われた。この描画の空虚さは,うつ病がある可能性を精神科医に示唆するものでもあった。その後の治療セッションにおいても同様の描画の解釈が行われ,彼女のアート作品は悲しみと怒りの感情をより正確に示し始めた。

第2章　描画による診断過程

FLIGHT― LIGHT AND AIRY ― FLOATING ― FREE

図 2-17

■ スクリブル（*The Scribble*）

　ケイン（Florence Cane, 1951）が取り上げた「スクリブル」法は，青年期と成人期の人との，そしてある程度までは思春期の人とのラポートを築くための貴重な道具であるとみなされている（Kramer, 1971）。クライエントが他者と共有するのを嫌う内的自己を部分的にでも外に向けて表現するのに，楽しくて何の怖れもない方法であると思われる。本来の方法では，まずクライエントに全身を使って大きくリズミカルな動きで空中に描かせる。そして動きの自由を体験した後，クライエントは目を閉じてこの動きを1枚の紙の上に移す。この身体的な運動のアイデアは，クライエントを効果的に自由にして抑制に打ち勝てるようにし，紙にのびのびしたスクリブルをさせるものである。本書の著者である我々も，スクリブルの描画を教示する前に一連のウォームアップ運動をすることが望ましいと考えている。そうすることによって非常に器用になり，また検査者と被検者との関係が楽しくてリラックスしたものになるようである。

紙へのスクリブルが終わったら，次の段階はあらゆる角度からそれを調べて絵を示唆する形を見つけることである。そして心的イメージに合致する線を用いて，また他の線を動かして，絵を完成させる。出来上がった作品は最初に紙の上に描かれた線とはほとんど似ていない。複数の絵を見つけるクライエントもいるし，より大きく包括的な絵の輪郭を取り，色づけするクライエントもいる。この過程によって一般に，クライエントは様々な形について語り始め，結果として自発的な物語が生まれる。

　抑制を打破するこの方法にはいくつかの重要な機能がある。その第1は，クライエントに全身を動かして描画をさせるという単純な要求から始まるこのアイデアは，自由連想を刺激する新奇な体験をクライエントに与える。これは当座のテストセッションに入る前に一通りの評価を受けてきたであろうクライエントに特に適している。第2に，クライエントを一層子どもっぽくなりやすくさせ，自発性を増したり気分をより自由に表現させる新奇な，あるいは禁制された動きを生み出す可能性がある。第3に，スクリブルの中にイメージを発見する行為によって，手あたり次第に描いたマークに潜在的な空想が投影されやすくなる。出来上がったイメージはこのように，より個人的な関心事を明らかにすることが多い。最後に，完成したアイデアは創造的な過程とアートによる非言語的なコミュニケーションを作り上げる。このことは診断バッテリーに描画を用いることの重要な側面である。

[事例の紹介]

　15歳のジャネットは，時々起こる暴力的な爆発と精神症状の出現により思春期病棟に自分から入院した。彼女は常に学校をかなりめんどうであると考え，これまでにも学業問題と明らかな学習障害があった。病棟の精神科医からの依頼状は，一般的な心理学的評価を行ってほしいというものであった。ジャネットが評価セッションの初期にひどく緊張して不安を感じているように見えたので，テストをするサイコロジストはより反応が出やすい雰囲気を作るために一連のウォームアップ運動とスクリブルを用いた。ジャネットはこれによってリラックスし，図2-18に示すスクリブルを完成させた。現在の気性通りに，彼女は断えず続く怒りをスクリブルのこぶしに投影させることを選んだ。この怒りが評価全体を通して表された主要なテーマであることは確かであった。ジャネットが怒りにまかせて行動することを好み，集中したリラゼーション方法によって自分の気持ちをコントロールしやすくなるという情報から，彼女に自分のエネルギーを流す道を開くことができる新しい行動様式を教えるために，サイコロジストはムーブメント療法とサイコドラマを彼女に行うよう治療チームに勧告した。

　スクリブルで描かれた図2-19は，妄想型統合失調症の診断で入院している36歳の女性によるものである。描画の評価の中で彼女は，スクリブルからイメージして海亀を描いた。彼女は自分の描いたその描画を見て，ゆっくりと物事を行い，結論を先に延ばす自分

第2章　描画による診断過程

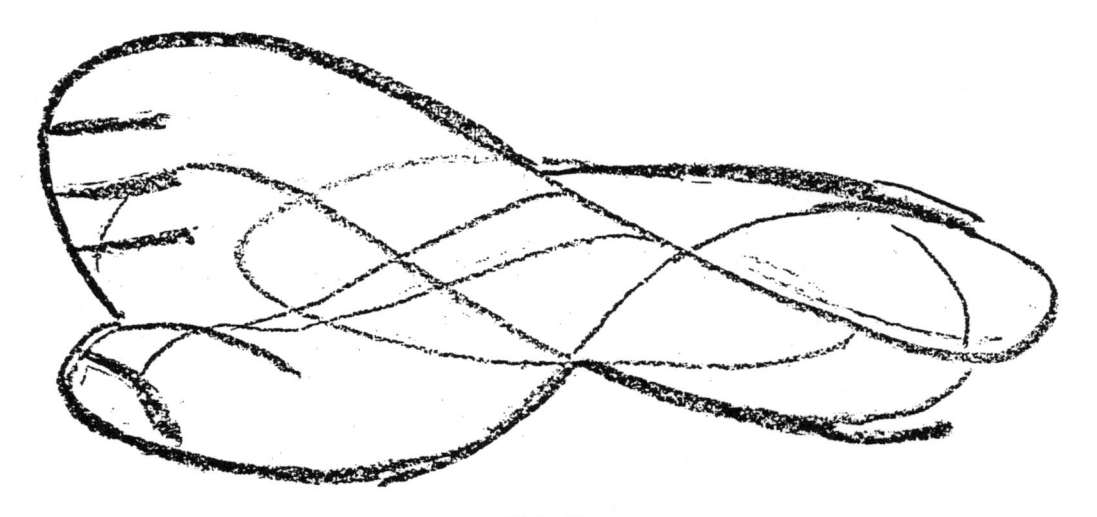

図2-18

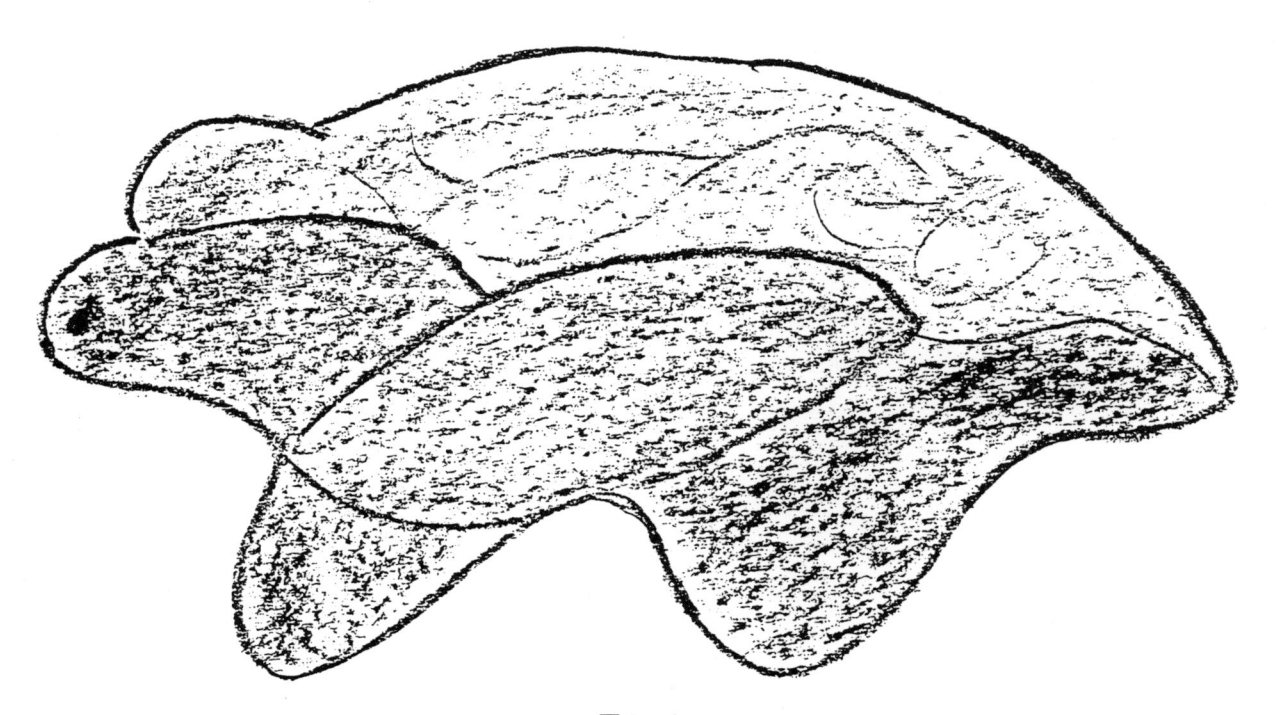

図2-19

の傾向を表すものと解釈した。彼女はまた，その描画が自分の傷つきやすさと孤立の必要性を表しているとも述べている。彼女は恐怖やストレスを感じるとしばしば，海亀のように保護的な甲羅の中に引き込もる。彼女の担当のセラピストはソーシャルワーカーで，アートセラピストとの合同治療を組んでいたが，クライエントであるこの女性が「甲羅から抜け出す」のを援助するメタファとして海亀を用いることができた。

■ 物語遊び画（*Draw-A-Story Game*）

　どんな検査者やセラピストも，1度や2度は描画に抵抗するクライエントに出会う。それは，子どもの場合はひどく心配だからであろうし，青年の場合は敵意と反抗からであろうし，大人の場合は自分の関心事とは無関係と感じられる活動に参加するのを受け入れられないからであろう。このような抵抗は単に自己をさらす苦痛から自分自身を防衛する方法のひとつであるだけでなく，他者と関係を持つことに対する不本意さやちゅうちょする心でもあるように思われる。抵抗するクライエントと接するこうした失望させられる体験から，嫌がる被検者への他の様々な接近法が臨床家によって考えられたが，その接近法はそのような「行き詰まった」時間を切り開くためのものであった（Gardner, 1975）。

　その技法のひとつは，描画と物語を作ることの要素を結びつけたもので，臨床家のための専門研究誌である「心理療法におけるアート（*The Arts in Psychotherapy*）」に取り上げられた（Gabel, 1984）。この技法の創始者は小児科医で精神科医のガベル（Stewart Gabel）であるが，彼は小児精神科医のウィニコット（Donald Winnicott, 1971）とガードナー（Richard Gardner, 1975）によって開発された方法から得たアイデアを結びつけて，それを「物語遊び画」と呼ばれる組み合わせ技法に発展させた。この「ゲーム」は，診断場面や最初の治療場面に全面的に関われなかったり，また関わることを嫌がっているように見える子どもや青年に働きかける場合に最も有効である。この物語遊び画は子ども用に開発されたものであるが，機能が低下している大人にも簡単に適用できた。

　ウィニコットによる「スクイグル・ゲーム（Squiggle Game）」では，子どもと臨床家が交互にくねくねしたマークを描き，それらを何らかの治療的に意味深いものにするが，ガベルは無意識的または情緒的に回避したい事柄に到達するためのより構成された接近法を提供した。ガベルはまた，ガードナーが研究で相当信頼して用いた「相互物語り技法」（mutual storytelling techniques）にも修正を加えた。

　この相互作用ゲーム（すなわち，物語遊び画）では，まず検査者かセラピストが紙の上に1本の簡単な線を描き，クライエントにそのマークを絵に入念に作り上げるよう教示する。作品が完成した後，クライエントをさらに長い話に導くために，「それは誰ですか？」とか「そこで何が起こっているのですか？」というような質問をする。この最初の段階の

第2章　描画による診断過程

後に，今度はクライエントが別の紙に最初のマークを描くように求められる。それから検査者はそのマークを絵の中に取り入れるが，これは被検者の描画のひとつの工程であり，最後にはより完全な物語になる一連の絵のはじまりである。この交互に行う過程は顕著な診断的資料を提供し，クライエントの自己認識を促すと同時に相互作用を最大限にしていき，クライエントとのラポートを維持し続ける。

　物語付きの一連の描画が完成したら，学ぶべきモラルや教訓を再強調するために，その描画を再検討する。その時に子どもにその物語のもっと満足できるであろう結末を創造するように提案することも大切である。このやり方で検査者やセラピストは，感情と行動の変化に対する子どもの認識を増やす。ガベル（Gabel, 1984）によれば，問題に対するよりふさわしい解決を創り出す土台を準備することで，検査者は現在のレッスンから得られた恩恵を，それに類似したテーマの未来のセッションにまで波及させることができる。

［事例の紹介］
　12歳のマークは，情緒障害児向けの特殊教育治療センターに最近入所した，恥ずかしがり屋で感情不安定な少年であった。このセンターは治療要素を組み込んだ総合的教育システムをとっていた。生活歴にはマークが白昼夢と空想に耽ることが述べられていた。また仲間関係が乏しく，誇大な話をする傾向があり，自分の問題をいつも他者のせいにするという記載もあった。

　精神科医の最初の評価セッションの間，マークは控え目であまり感情を表したがらなかった。マークを促す方法として精神科医は，「物語遊び画」のアイデアを導入し，彼の隠された葛藤と態度についてよく知ろうとした。

　最初の絵で精神科医は，マークが思い切り思ったように描くことができるように，紙のまん中に垂直線を1本だけ描いた。この線から，マークはすぐに1本の煙草を描いた（図2-20a参照）。それからマークは，ほとんど友達がおらず愛情を切望する1人の少年の話を始めた。「ある日，この少年は学校で他の少年から煙草を吸うように持ちかけられた」と彼は語った。マークが物語を通して自分自身について話していることは明らかだったので，精神科医は次の絵で煙草がまん中になるように円を描くだけにして，マークが彼の物語を続けられるようにした（図2-20b参照）。

　マークは自分の物語を話し続けるうちによりリラックスし，彼を巻き込んでいる苦闘について生き生きと話した。事実，次の絵でマークは「禁煙」のサインを作り出して自分の葛藤をありありと表した（図2-20c参照）。彼は精神科医に，この少年は「非常に悪いポジション」にいると述べた。彼は本当に煙草を吸いたくはなかったが，もしもこの活動をしている他の少年たちに加わらなかったら馬鹿に見られ，拒絶されると思っていた。

　その物語を聞きながら精神科医は，非常に多くの矛盾した感情を体験しているこの少年

図 2-20 a

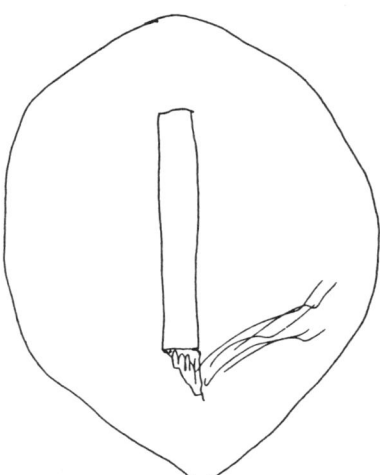

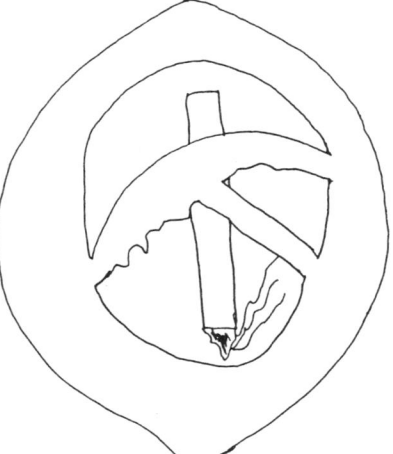

図 2-20 b

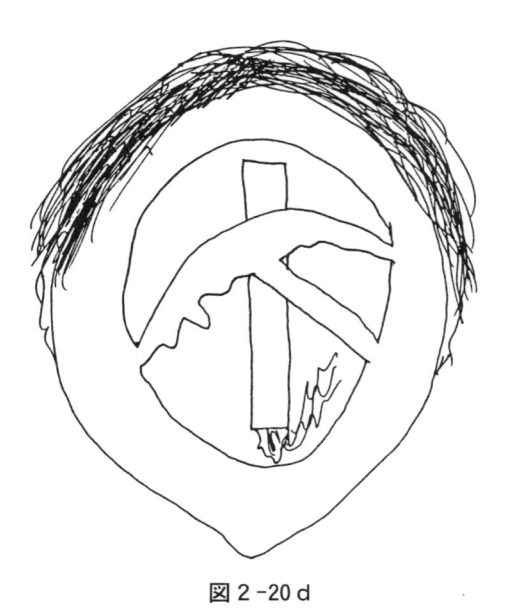

図 2-20 c

I BELONG

図 2-20 d

図 2-20 e

はとても混乱しているに違いないと考えた。マークが物語っている時，その絵が自分の個人的なジレンマを表すものだと彼が確認しやすいように，精神科医は絵の中のサインに毛髪を加えた（図2-20d参照）。

最後にマークは絵にタイトルを加えた。それは「僕は（彼らに）属している（I Belong）」というもので，彼の葛藤の核心を示すものであった（図2-20e参照）。

マークはその創造的能力とこの方法で自分自身を表現できたという新たな発見で，自分の情緒的問題のより健康的な解決に向けての重要なステップを踏み出した。彼は経験している葛藤と内的混乱の多くを話すのにこのタイプのゲームを用いることができた。この評価セッションの後マークは，自分の両価的感情を共有することをより快く受け入れたし，情緒的な重荷になっている様々なトピックスについて話し合うためにこの一般的なテーマを用いることができた。これらの最初のセッションから精神科医は，特定の治療介入にあたって実質的な忠告をすることができたのであった。

結　語

この章で述べた描画技法は，被検者のパーソナリティの様々な面に関する推論を引き出すために，長年にわたって臨床的に用いられてきた一般的な技法のうちの数少ないサンプルである。ここで挙げることができるその他の教示を示せば，「不愉快な体験を描いてください」「果樹を描いてください」「動物を描いてください」「いたずら描きをしてください」「最初の記憶を描いてください」「夢，気分，感情，または願望を描いてください」といったものがある。これらの教示により描かれる描画は，クライエントの内的世界と外的世界が出会う場所を確かめる機会を与える。

検査者がクライエントと過ごす時間は少ないため，できるだけ多くの違ったタイプの評価経験を与えることが肝要になる。ひとつの評価法のみで人の行為に影響を与える認知的・情緒的要因を総合的に診断することはできないということを示唆する多くの証拠があるが故に，臨床家は使用するそれぞれの技法の長所と短所により熟達しなければならない。

描画は，豊富な情報を提供する他の技法にはない特別な場所を間違いなく持っているということで重要性を増しながら，多くの臨床家の標準テスト・バッテリーに取り入れられ，時の流れの中で有効であり続けている。描画が他の補助的情報の文脈の中で解釈される時，聡明な検査者は描画が依頼事項に正確で思慮深い情報を供給することに慰めを見出すことができる。この方法をとることで，適切な介入と治療を行うことができるのである。

第3章

描画による個人心理療法

心理療法における描画の価値

　描画は心理療法家がクライエントに自己を表現させるひとつの道具である。治療を始めようとする人は自分の感情や葛藤，希望などを描画を通して独創的に表現できる。言語療法の場合とちょうど同じように，描画を使用するセラピストの役割は主に，クライエントが自分自身の葛藤を解決する力を探求し，発見できるように側面から援助することである。自由に描かせることによって，描画を使用するセラピストはその人が治療過程の中で主体的になり，自己の方向を見出すという挑戦をさせる。セラピストとクライエントとクライエント自身のアート作品との関係はその後，変化のための触媒となる。

　暖かく支えとなるような環境を，アートを使用するセラピストが作れば，クライエントは欲求不満，攻撃，怖れ，混乱などを解放するための別の方法を見出すことができる。こういった感情のいくらかを絵や図で表すことにより，クライエントは自分を明るみに出し，自分と直面し，そして自分をコントロールすることを学ぶ。これが達成されると次に，治療中のクライエントは一層感情をコントロールできていると感じ始めるが，そのことは自分自身のために考え，よりよい自己同一性の感覚を得ることを容易にすることになる。

人は潜在的に，個人心理療法で描画を用いられるとそれに反応しやすい。いわば，描画は無意識への扉を開き，言葉では往々にして表せないような問題をセラピストの前に示してくれるからである。寡黙，引っ込み思案，激怒しやすい，あるいは反抗的といった，アート作品を通した方が自分の感情を表しやすいと思うであろうクライエントには，特に描画の使用が役に立つ。寡黙なクライエントにとって描画は話さなくてもよいコミュニケーションのための道具であり，またしばしば自分の怒りに圧倒されることを怖れている激怒しやすいクライエントには，破壊的になることへの怖れのない安全なはけ口となる。子どももアートの素材を使いたがるが，それは言葉がまだ洗練されていないし，洞察力にも欠けるからである。それ故に，そうしたやり方でなければ彼らは使用できなかったであろうアートを通してこそ実際に葛藤を表せるし，分析もできるのである。もちろん，すでにアートの素材を自己表現に用いている創造的なクライエントは通常，描画療法にかなり反応しやすい。

治療を始めるにあたって，描画を使用するセラピストはクライエントに目標を与えるのが一般的である。描画を描くことや完成した作品をめぐる話し合いを促すことによって，遠くにある目標を定めたり，明確にするのを助けることができる。しかしセラピストとして最も大事なことは，クライエントが自分の描画に対して持つ個人的な解釈に耳を傾け，クライエント自身の主体的な変化を支えることである。

心理療法の初期段階

治療の初期段階では，クライエントの行動や感情は，とても硬直している，焦点が合わない，タイミングがとれない，まとまりがない，などのように見受けられることが多い（Axline, 1969）。セラピストの仕事は，このようなクライエントが安心し，信頼して自分の欠点を探索できるような環境を作ることである。治療が進めば，感情や思考をもっと広くとらえることができるような信頼関係が生まれてくる。加えて，クライエントにそれまで見られなかったような率直さが出てくるが，それは通常描画の中で，萎縮が薄れたり，主題の描写が正直で正確になったり，受容した感情が一層統合されたりすることからわかる。最終的には，そのクライエントは自分を傷つけていた以前の対人関係上の戦略から徐々に自由になり，心理的により洗練される傾向があると共に，自分自身の中のより優れた潜在能力を見出す。

どのような種類の治療であっても，クライエントは最初のうちは，臨床家があらゆる問題に対する解答を持っていて，自由にアドバイスをしたり処方箋の形で魔法のような解決を与えてくれるだろうと期待している。治療に来ている人はすでに，自分の問題を軽減するものは臨床家の教えの中にある，という信念を持っているかもしれない。よって早い時

期にアートについて説明しておくと，クライエントはすぐに治療関係の中では自分が責任を持つのだと自覚し，一層理解を深めるための一種の跳躍台として描画や治療関係を活用することによって，自分は一層の自由を得ることができるとわかる。

　描画の使用は面接の頻度には影響を与えない。しかし，個々人のセッションの期間には影響するだろう。描画に十分な時間をかけられるようにセッションを長くするセラピストもいる。クライエントとの面会は，転移がひどく心配されたり，クライエントがひどく苦しい時間を過ごさなければならないのでない限り，週に１度が典型的である。必ずということではないが，各セッション中で描画が完成することが望ましい。

　治療の初期段階では，描画を描かせることでラポートが増し，コミュニケーション技能が育つ。アートの素材を使用することはカタルシスを引き起こし，感情を表現しやすくする。また，無意識の部分により自由に近づくこともでき，言葉では言い表すのが難しい葛藤や感情を明らかにもする。クライエントが自分の課題をどの程度自覚しているか，現実への適応はどうか，問題解決能力はあるかなどを知る上でも描画は非常に役立つ。

治療上の留意点

　描画療法の効果が出にくい人がいるというのは想像しがたい。しかし，例えば描画によって何かが暴露されてしまうことを極端に怖れるクライエントや自我がとても弱いクライエントのように，描画が有効ではなくケアが必要となる例外もある。後者の場合，セラピストは安心感を与え，そのクライエントの壊れやすい自我でも対処できるものだけを解釈しなくてはならない。セラピストはクライエントの強さを信じ，描画を通して自我を構成することを助けなければならない。このようなクライエントの抵抗にあった時に，セラピスト自身が描くことの必要性をめぐる闘争に入り込んでしまうと，クライエントとの関係は後退してしまう。その抵抗を理解し，少し時間を置いてから描いてみるように示唆するのが，好ましいアプローチである。

　しかし言うまでもなく，セラピスト自身がクライエントとの闘争に巻き込まれているのに気づくこともあり，時には描画を使用することによりこの状況が中断されることがある。治療初期には，クライエントは描画を水晶玉のようなものだと想像し，明らかにしたくないものがセラピストに見えてしまうと考えて，描くのを怖れることがよくある。つまり，治療のはじめのうちは，自分の描いたものについて何も話さなくてよいとクライエントに言うことがよい時もある。もちろん，セラピストはクライエントが偶然その内的世界を見せてくれることを期待しているが，治療初期の間は話すことを求めずに描画を描かせることで，より自由な表現と自発性を促すことである。

　加えて，はじめのうちのセッションでは，セラピストに観察されながら描くのがクライ

エントにとって苦痛となることもあり得る。その結果クライエントがその後のセッションに来ない場合は，家で描いて持ってくるように提案してもよい。しかしセラピストは，セッション中に自分たちセラピストにその過程を観察させながら描画を描くことをクライエントに求め続けなければならず，そのことが治療の道具としてアートを使用する際の決定的に重要な点であることを理解していることが大切である。

セラピストが不在の時

　セラピストが不在の時も，アートは優れた治療の道具である。例えば，セラピストがあるセッションに立ち会えない場合，クライエントにいつものスケジュールに従って課題画または自由画を完成させ，後で持ってくるように提案することができる。こうすればセラピストがいなくても，クライエントは継続して治療を受けていると感じる。セッションがなかったことやセラピストの不在についてどう感じるかをクライエントに描画で表現させてみてもよい。また，クライエントに彼らの過去にある何がセラピストが行ってしまったことを思い出させるかを特定させてもよいし，不在の間にセラピストが何をするのか，またはセラピストの不在によって生じるかもしれない怖れや不安を，想像で描くように指示することもできる。数週間留守にする場合は，数枚の描画，もしくは時間のかかる描画を1枚，描くように指示しておくのがよい。

描画を用いる時の治療姿勢

　セラピストが受け身で客観的なオブザーバーに留まっているのが一般的にはベストであるが，とりわけ描画やその他のアートの素材の使用についての訓練を受けていないセラピストの場合はそうである。何らかの判断を試みる前に，クライエントから自分自身の描いた描画についての情報や感情の表現，自己解釈をできるだけ多く得るのがより望ましい。他の治療の場合と同じく，クライエントとセラピストとの間に治療関係ができるまで，解釈や判断を下すのは待った方がよいこともしばしばである。描画を用いる場合は，セラピストはクライエントが繰り返されるテーマや連続するパターン，シンボルなどを十分描画に表現するまで解釈することを待つ必要もある。早期に描画の解釈をしてしまうと，作品のテーマや内容が自己防衛的で紋切り型のものになってしまう可能性がある。こうして，クライエントも自分自身の描画の後ろに隠れてしまうであろう。このような場合，描画が治療にもたらす利点は失われてしまう。

　一般的に行われている言語療法のように，クライエントが自分自身の問題を明らかにする時，セラピストに柔軟であることを求めるであろう。描画は，しばしばそれ自体が新し

い問題を明らかにし、クライエントの自分自身の治療へのより積極的な参加と責任の認識を促すのが普通である。セラピストは、描画の中の新しいテーマや問題点に気づいて、その後それらについて注意していくよう鋭敏でなければならない。このような事例の場合には、あるセッションからその次のセッションまで継続したテーマにすると、治療の継続感が増すので役立つであろう。さらに、もっと詳細で複雑な描画は治療上、達成感や自己をコントロールしているという感覚を強めるとされている。一般にセラピストは、描画を使用しない場合でも、治療の目標やテーマを最後まで追い続けなければならない。

自主性と空想を発揮させる

通常、描画は自主性や言葉による表現を侵害するものではない。事実、ほとんどの場合正反対のことが起こる。反抗的なクライエントや引っ込み思案のクライエントは普通、描画によって自分自身をのびのびと表現することができる。前にも述べたように、自主性は描画を使うことによって促進される。これに例外があるとすれば、描画を自己防衛に使うことの多いアーティストのクライエントや、すべてのことを完璧に行いたいために支配者を必要とするようなクライエントである。言葉による表現ということについては、描画は普通クライエントに注意を集中させる対象物を与え、自分の作品を人と共有して語りたいという彼らの要求を強める。クリス（Ernst Kris）は、創造の過程においてイドとエゴの間の障壁は「通り抜けられる」ようになるが故に、無意識のものが前意識の状態に容易に到達し得る、と理論づけている（Kris, 1952）。

描画はまた、特にセラピストがその人の作品を批評しない態度で臨むのなら、空想の世界を表現しやすいものである。典型的な例としては、セラピストとクライエントには空想の世界が日常生活や意思決定、目標などにどのように影響を与えているかが描画を通してわかる。しかし、精神障害者やその傾向のある人や、空想の世界に逃避しがちな人には、描画はあまりにも驚異的かつ強烈すぎて、それ故、害を及ぼし望ましくないかもしれない。空想の世界を表現するために描画を用いる場合は常に、その比較のために現実を表す描画も描かせるべきである、というのが適切なところである（この注釈の例として、章末の「事例の紹介」参照）。

成長を促す

心理療法の過程の大切な面は、人格の内的・外的発達であり、この点について描画はものの見方や焦点を変えるような経験をクライエントに与える。この見方や焦点の変化によってクライエントは、異なる態度や考え、感情に対して新しい洞察を得てそれを活用し、

自分のパーソナリティ内部の様々な重要度によりそれを展開していく。描画は，クライエントを健康へと導くこの一連の出来事の具体的な目印として，この過程を大いに促す。

アクスライン（Virginia Axline, 1969）は，この健康の概念をより明確にしていると言えるであろう。

> 人が自己概念を影になった場所から太陽の下へさらせるほどの自信を，また評価や選択，そして例えば自己実現の完成といった人生の究極の目標を達成することへの適応によって，意識的に目的を持って自分の行動を方向づけられるほどの自信を持った時，その時こそ，その人はよく統制がとれていると言えるだろう（p.13）。

描画は治療の転機のための土台をもたらす

治療の転機における基本的な目標は，人がより自由に行動するのを助けるような何の怖れもない環境を準備することである。その目標に向かって動き出す前に，クライエントはまず自分が果たしている役割や日常生活の中で身につけている「公人としての仮面」を認識すべきである。内的な混乱や不安をはばむために，たいていの人は虚飾を張ったり表面を偽ったりしなければならず，この自己欺瞞の過程で自分自身と疎遠になる（Rogers, 1961）。治療関係に描画を取り入れている場合，「あなたの仮面とその後ろにあるものを描いてください」と教示してみるとよいかもしれない。最初のうちクライエントは，自分の公のイメージに対するそのような直接的で激しい攻撃にたじろぐかもしれないが，意欲的なクライエントであれば多分，日常的に用いている仮面について批判されることなく探る機会ができたことを喜ぶだろう（第5章の例参照）。

描画の使用は，クライエントを様々なことから「解放」したり「何かする」よう仕向けるのを目的としている。これは行動を起こさせて，満足感と完遂感を与えるのためのテクニックである。描画の生き生きとした表現は，このように転機への手段となる。セラピストに予め決まった役割はないが，クライエントとの関係を自由に発展させることである。描画は変化が起こるための焦点を与えてくれるだけでなく，現在体験していることの記録となる。セラピストが描画についての教示を最小限に留めておくことにより，クライエントが必要としている自分の人生の中の誤って認識している部分や未知の部分を探る自由を与えることができる。この作戦が効を奏すると，クライエントは防衛を緩め，存在していて獲得可能なその他の可能性についても心を開いてくるのである。

様々な描画教示を通じてクライエントが新しい経験に向かって開かれてくると，言葉で防衛しようとして歪めていた現実をより具体的な姿で直視するようになる。クライエントがゆっくりと変わり始め，思考や概念がより柔軟になってくるのは，この過程においてである。そして，一層のあいまいさを認めるより深い知識が得られる。このようにして，治

療を受けている人は描画を通して自分自身をそれまでと異なる新鮮な方法で体験するのである。

ロジャース（Rogers, 1961）によれば，治療を受けるということは「自分らしくなる過程」であり，治療を受けている人はすぐにこの過程が進行していることに気づく。自分の知覚や信条が絶えず移り変わり，修正されていく中で，クライエントは静かな関係に留まるより，むしろ変化の流動性をつかみ始める。描画はこの進行を記録し，タイムリーな判断や話し合いの多くの機会を加えてくれる。

解釈と関係の成立

描画は不変で容易には否定できないので，大変優れた判断の道具となり得る。クライエントはセラピストの解釈の筋道をはっきりと「見る」ことができる。作品を通して洞察を得るには，作品を比喩的に用い，クライエントとの対話に現れてくるシンボルを活用することが大切である。作品それ自体がイメージを通して洞察力を高めるので，セラピストによる解釈が必ずしも必要でない場合もある。セラピストが以前の描画を回収して解釈したり，どのように変化してきたかをクライエントに見せることが必要な場合もある。描画に日付を入れ，全部保管しておくことが重要なのはこのためである。心に留めておきたいもうひとつのポイントは，ある描画の解釈が終わったら，可能性や変化への潜在能力を表すためにその描画を修正したいかどうか，またはもう1枚描きたいかどうか，クライエントに尋ねてみるとよいだろう，ということである。

セラピストがクライエントの描画に対して批判せず，支持し，感情移入するような反応を示すことを通して，治療関係が確立される。例えば，作品を壁にかけるとその人が重要なのだと明示することになるし，作品を安全で個人的なフォルダーに納めておくことを強調するとクライエントとの関係における信頼感が強まり，この過程を促すことになる。合同描画（つまりクライエントとセラピストが一緒に描く描画）は時にこの点において有効であり，特にクライエントが引っ込み思案だったり反抗的だったりする（そしてセラピストが自分の貢献を過小評価している）場合はそうである。クライエントが作品を完成させた時に，その作品がどんなに重要でなくても支持することもまた，クライエントとの関係の構築のためには明らかに重要であり，個人的な成功についてどう感じるかを描かせると，この過程をより前進させることができる（図3-1参照）。

12歳のアンは，8カ月間女性セラピストの治療を受けた後，男性セラピストのところへ回されてきた。最初のうちのセッションでは，アンはとてもガードが固く防衛的な姿勢を取り，話そうとしなかった。彼女がとても神経質であったためセラピストが一緒に描く機会を設けてみると，彼女はこれを喜んで受け入れた。アンはこのアプローチによって脅え

第3章　描画による個人心理療法

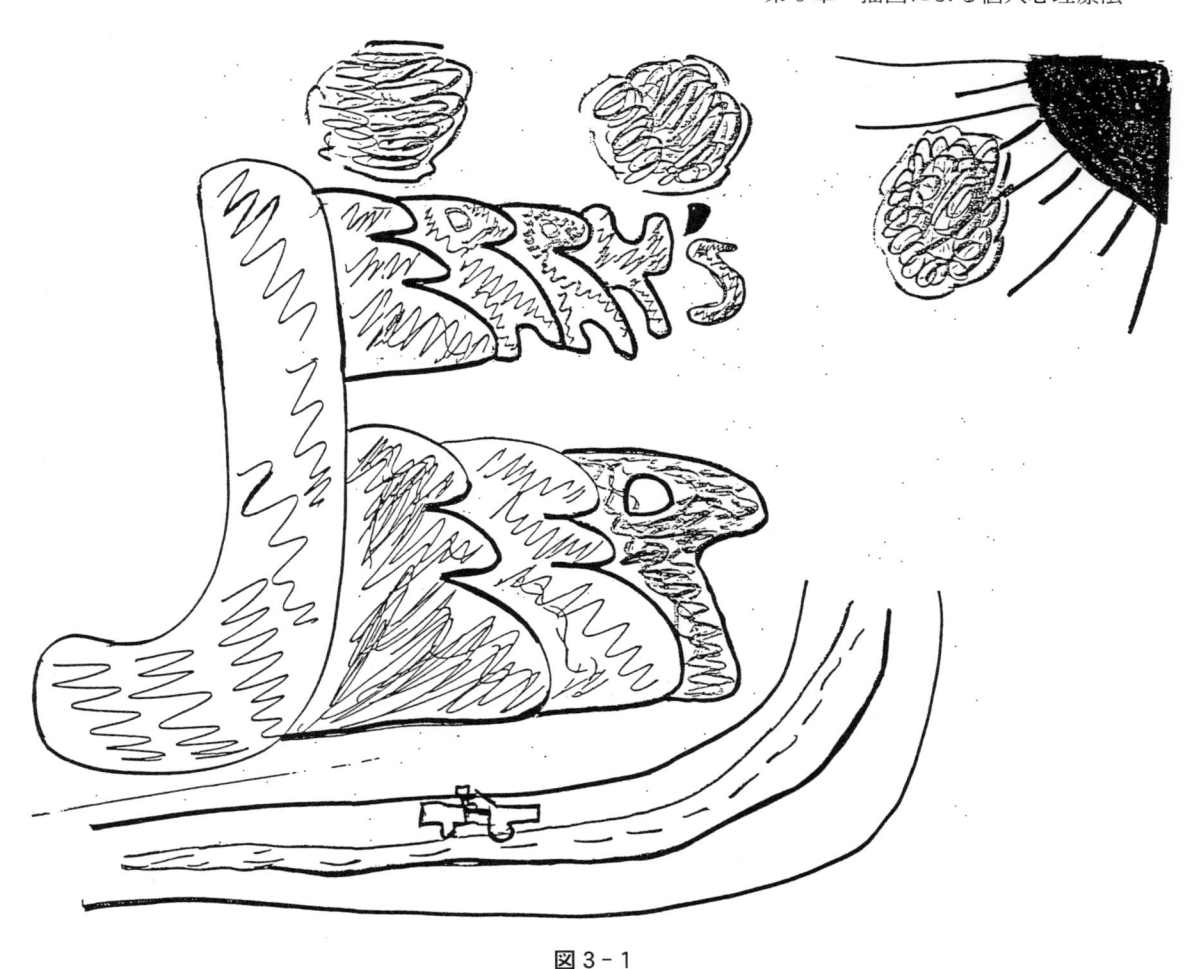

図3-1

ることなく新しいセラピストと相互に交流する方法を得て，違ったアプローチを用いることによって治療がいかに効果的になり得るかという一例を彼女は知ったのであった。図3-1の描画はこの共同作業の成果である。アンはとても不安で自己を抑制していたので，最初は不吉な感じの雲を紙の上部に描いて，その状況を不安に感じていることを示しただけだった。セラピストが描画に何か描き加える前に，アンは残ったカラーマーカーで笑っている太陽と「ジェリーのジープ（Jerry's Jeep）」という言葉を加えた。アンは作品が完成したと感じるとセラピストが描き足すことを「許した」（彼女がいくらかのコントロール権を得るためにそのような危険をおかすことができたのは救いである）が，それも余白にだけだった。セラピストはこの反抗的な子どもと「仲間になる」ために，道路とジープを描き加えた。

葛藤をほぐす

　評価期間中に認められた防衛的姿勢のうちで，どれがクライエントにとって役に立ち，どれがその成長を阻害すると思われるかをセラピストが探ることも，治療の初期の過程において必要である。クライエントが抑圧的でどのような問題も避けて受けつけようとしないならば，そのことは描画の描き方や内容に何の変化も見られないことで示されるので，はっきりとわかるであろう。このようなガードの固いクライエントの長所や短所は，それらの長所や短所の特徴を表すシンボルを描かせてみるとはっきりしてくるであろう。描画はその時，解決されないまま現在まで続いている過去の感情を具体的に描写する媒体となり得るからである。

　ある特定の葛藤をほぐすことがどれほど支持されるかの一例として，クライエントに自分の怒りが実際に現れたところを想像して描かせるか，自分の怒りを表現するシンボルを描かせてみるとよい。描画は怒りを表現する安全な場所となり，個人的なセッションでひそかに描かれれば誰も傷つけない。もっと後の関係を構築する段階ではしばしば，セラピストは描画がますます感情的になっていることに気づくだろう。カタルシスが起こり，ある種の退行が生じるかもしれない。この時，クライエントは描画における抑制を失って猛然とスクリブルしているであろう。このような場合，セラピストはそのスクリブルの中から何かを作り出すよう励ますことによって受け入れていることを示し，そのように励ますことが昇華の過程を強めるのであるが，その過程のゴールは自分を圧倒するような感情を成熟した形で描けるようになることである。図3-2は，この過程の具体例である。

　13歳のハンクは，冷酷な怒りが原因で治療を受けていたのだが，その怒りはいつも父親に向けられていた。ハンクは言葉では感情をうまく表せなかったので，セッションでは描画が主な媒体として使われていた。ある活発なセッションの中で彼は図3-2の描画を描くことができ，ごく自然に「ぼくとお父さん（Just Me and My Dad）」とタイトルを付けた。彼は最初，自分が感じている父の力を象徴する巨大な宇宙ロケットをまん中に描いただけだった。間もなく彼は攻撃機を描き始め，ひどく興奮して何機も描き足し，この大きな乗り物をやっつけるのを応援した。わずかに自制心が残っていたのとセッションが終わったのとで，この描画はめちゃくちゃなスクリブルにならずにすんだ。

他のアート媒体の使用

　アートにおけるカタルシスと退行は，どういう種類の媒体を用いているかにより異なることが多い。この過程（すなわち，カタルシスと退行）は，描画を唯一の表現のよりどこ

第3章　描画による個人心理療法

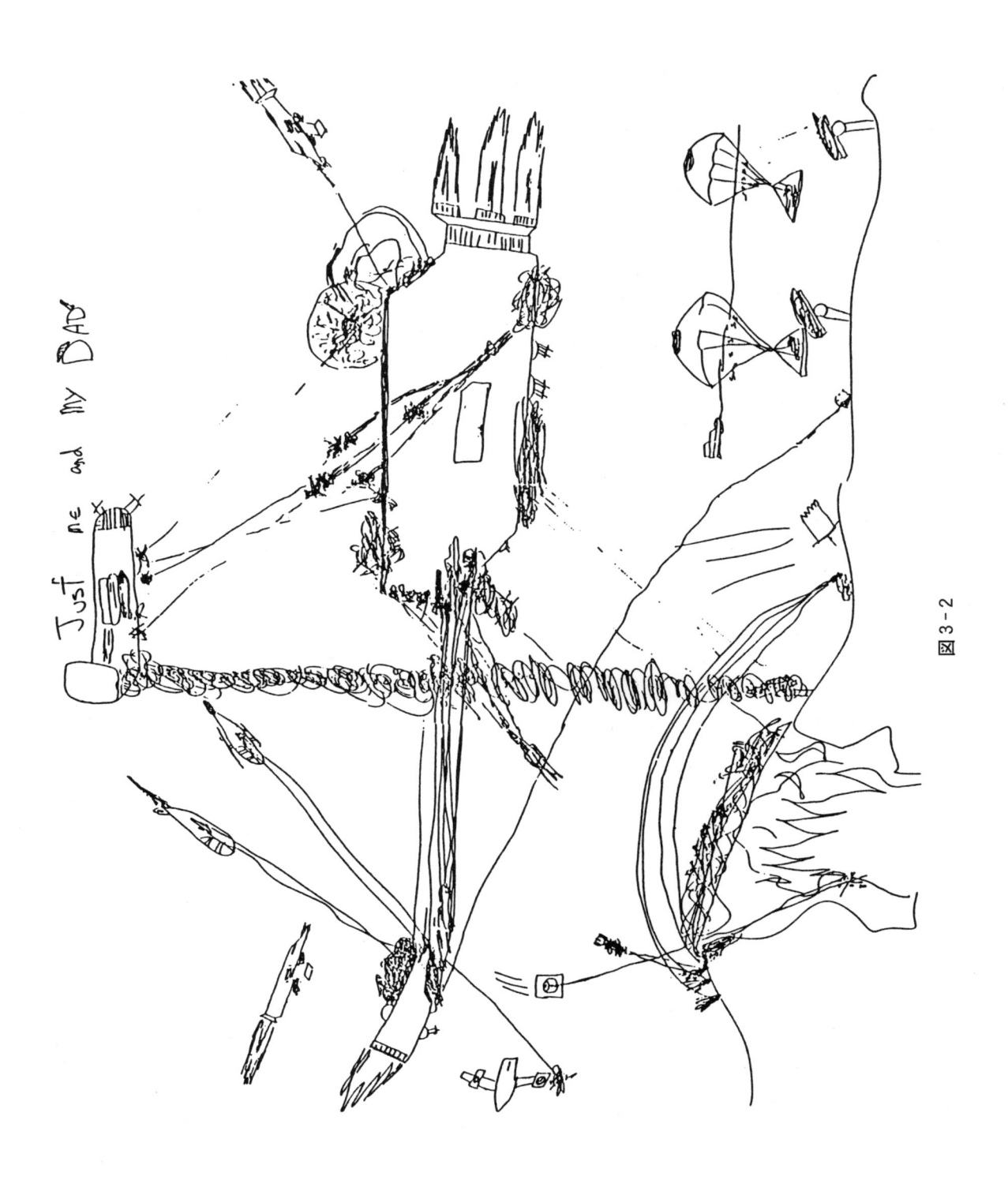

図3-2

ろとして用いた場合，あまり頻繁には生じない。フィンガーペインティングや粘土を一緒に使うと生じやすいが，精神保健専門家でも，アートセラピーの特別な訓練を受けていない限り，これらの方法をそのような目的で用いる人はほとんどいない。

　描画という媒体それ自体が，個人的な治療関係に新しい要素を持ち込む。すなわち，その関係におけるクライエントの独立した機能を強めるのである。優れたアートセラピストであるルビン（Judith Rubin）は，アートの素材を使う時，セラピストが変化していく関係の中で中立を保つのは難しくなるが，それはそのクライエントにその素材を与えることの効果のためである，と考えている。このことについて彼女は，セラピストがクライエントを「飼育」し，「誘導」し，クライエントに対して「期待」を抱くようになるからである，という仮説を立てている（Rubin, 1978, p. 271）。

転移の表現

　転移という概念は，アートを治療に用いている精神保健専門家が考慮すべき重要なものである。作品に使われているテーマや色は，クライエントが以前体験した事柄の象徴である可能性がある。これは人が自分の考えや感情を他の人に投影するのとかなり似ている（Rubin, 1978）。セラピストに対する転移は，描画それ自体の中にはっきり表れる場合もあるし，アートの素材を積極的に使用するという形で表れる場合もある。クライエントは実際にセラピストを描いたり，自分をセラピストに似せて，例えば両価的なものや権威的なものへの怒り，反抗などの象徴的な表現を入れて描いたりするかもしれない。次の2つの描画は治療過程の中のこの段階を表すものである。共に，特別な教示なしで描き始められたものである。

　ソーラーシステムを象徴的に用いたこの描画（図3-3参照）は，母親をレイプすると脅したために入院していた15歳の男性クライエントが描いたものであるが，彼と女性セラピスト（アートセラピストである本書の共著者）との転移関係を表していると思われた。大きい方の円は彼を，小さい方の円はセラピストを表している（彼自身の説明による）。小さい方のソーラーシステムが一部画面からはみ出していることに注目したい。このことは，彼にとって紙面の中に留まるのが難しかったように，限度を守ることが難しいことを示していると思われた。彼は特にこの描画を気に入っていて治療の感じもとてもよかったが，それは今まで特に母親との間に円満な安定した関係を持ったり，信頼感を抱くことがとても難しかったからである，と述べた。

　図3-4は図3-2と同じくハンクによって，治療が進んだ段階で描かれたものである。激しい怒りは残っていたが，それは家庭の外の世界に置き換えられ始めていた。「気をつけなセラピスト，俺が来たぞ（Watch Out Therapists, Here I Come）」というぴった

第3章 描画による個人心理療法

HAPPY SOLOR SysTem

図3-3

りのタイトルが付けられたこの例の中で，彼の怒りはセラピストやその他の彼が権力側の人間と思い込んでいる人々に向けられ始めている。後から加えられたスクリブルは多分，父親以外の大人に向かって怒りを発散させていることがどういう結果を招くかわからなかったため，この治療が彼の不安をかき立てていたことを示していた。このことはセラピストが描き加えた閉じたドームとその中で黙想している男によって描写された（右下角，これも合同描画）。父親からの直接的な攻撃にとても慣れていたハンクは，これに激怒し，失望した。セラピスト（サイコロジストである本書の著者）はまた，描画の一番下に「鎮まることのない怒り（The Anger That Never Ends）」というタイトルを加えたが，それはこの感情をその後のセッションの中でどう扱うかという多くの議論を巻き起こした。

　これは描画を治療関係に導入する際に考慮すべき重要なポイントを提起している。すな

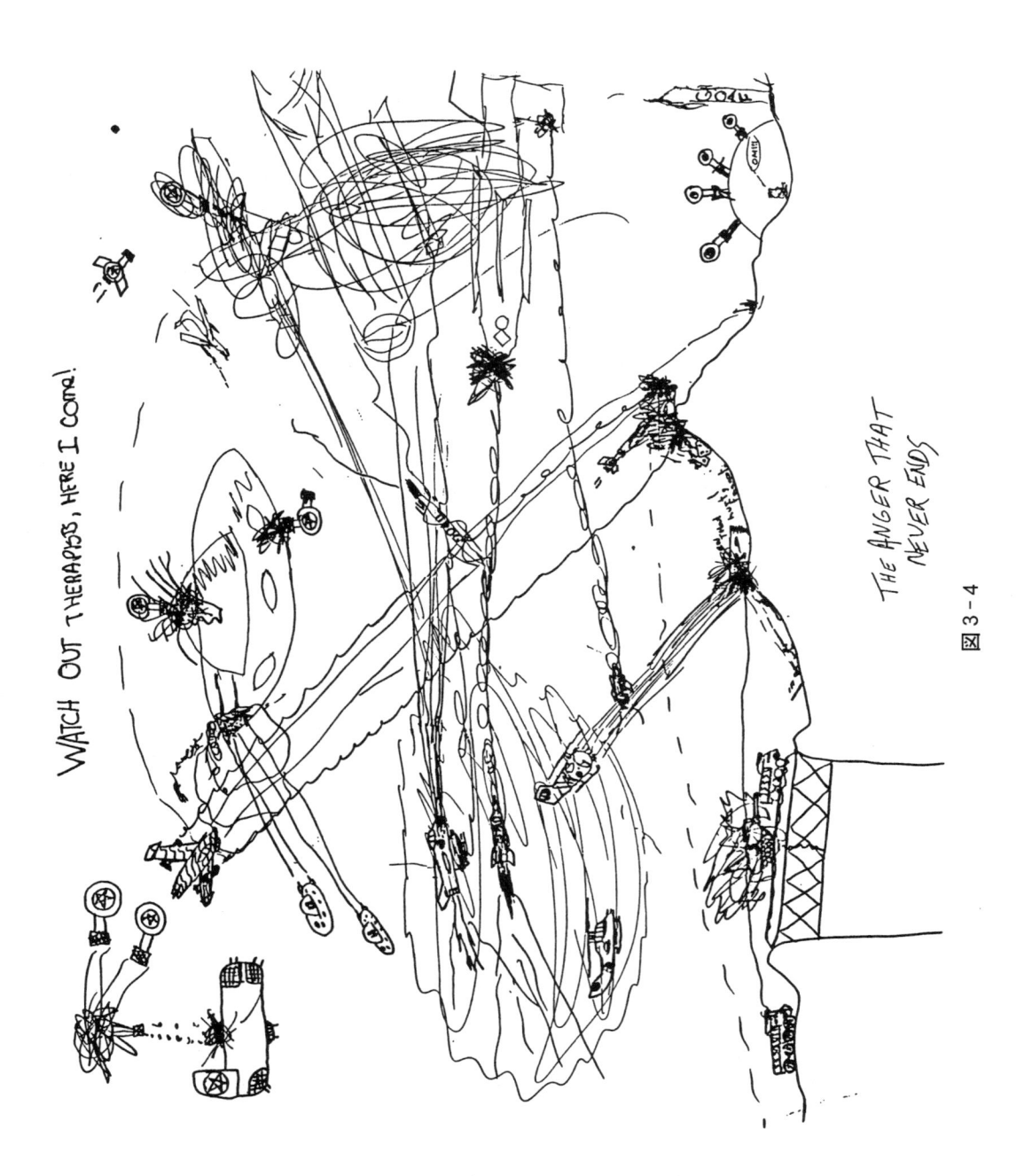

図 3-4　THE ANGER THAT NEVER ENDS / WATCH OUT THERAPISTS, HERE I COME!

わち，積極的にクライエントと一緒に描画を描くかどうかということである。セラピストが一緒に描くと，クライエントはセラピストが自分が望んでいるように自分だけに関心を払ってくれてはいないと感じるかもしれない。前述の通り，クライエントが特に反抗的，引っ込み思案，または治療関係を持つことができず他のどのような手段も役に立たないと思われる時，合同描画は効果的である。セラピストは本質的に合同描画になると自分自身のエゴを強く出す。もし合同描画を用いるならば，セラピストは自分がもたらすものについて注意を払わなくてはならない。描画が現実的なものであれば，セラピストは描画の進む方向を決めないようにし，クライエント自身の考えを励ましながら，例えば地面の線など，クライエントの考えを強め，応援するものを描かなければならない。描画が抽象的である場合も，セラピストは同様に考えればよいだろうが，同時に一層注意を払わねばならないだろう。なぜならば抽象は表現がより自由になりがちであるために，セラピストの客観性が減少する可能性があるからである。

ワーキングスループロセス（学習体験過程）

　心理療法に含まれる重要な段階は，ワーキングスループロセスの概念である。このプロセスは無意識の葛藤と抑圧された感情の解決法であるから，これによりクライエントは自分の不適応行動についての洞察を得て，より順応的で満足のいく体験へと導かれる。ワーキングスルーによる問題解決が成功すると，クライエントは他人との接触は相互に満足できるものになり得るし，それ故に進展させる価値のあるものだということを経験から知ることができる。治療体験を「治療開始以前，進行中，終了後」の描画として描かせてみると，クライエントは象徴的かつ確かな形で自分のワーキングスループロセスを実際に目で見ることができる。これらの描画を描かせることにより，防衛的な態度が和らいで，無意識の抑圧された葛藤がより自由に表現されるようになることが多い。
　13歳のダグは放火を含む常軌を逸した行動により1カ月間入院した後，全寮制の治療センターに入った。すでに病院で相当な治療を受けていたので，ソーシャルワーカーでもある担当のセラピストは彼にその経験から何を得たかを尋ねた。彼は新しい環境に動揺してひどく不安になっていたので，この考えを探る質問を十分洞察することができなかった。ダグが描画を好むことがわかったので，セラピストは「入院前，入院中，退院後」の一連の描画を描いてみるように勧めた。ダグはすぐにこれを受け入れ，何が起こっていたかについての彼の洞察と彼が言葉にできなかったものをとらえた4枚の描画を，（多分，神経質と判断されることを怖れたため）素早く描いた。
　第1パネル（図3-5a参照）は彼の家庭の描画で，その中で彼は完全にコントロールされている。彼は両親が彼の凶暴性を抑えられなかったと感じていたし，弟を取るに足ら

図3-5a

ない存在と見ていた。次の2枚の描画（図3-5b，c参照）は，彼の怒りの結果として起こったこと，つまり入院させられたことを描いている。病院で1度，彼は自分が依然として粗暴にふるまうことを示した（枕を持って暴れた）ようであるが，この行動はコントロールされた（窓の格子）。彼は両親が彼の不在と自分たちの究極の権威を祝福している様子を，皮肉に描いている。最後の描画（図3-5d参照）で，ダグは彼の治療に伴って変化した家族内の力動性を表現した。この描画は今や怒りを表しているのは父親であることを示しており（左側の歯をむいている人），母親と存在をやや認められてきた弟が父親を扇動している。ダグ自身は抑制過剰になっていて，まだ非常に怒ってはいるものの，自分の考え，つまり「screw off」を口に出すことを許さなかった。この情報によって，ダグとセラピストはこれらの新しい洞察について話し合うことができた。

ワーキングスループロセスのもうひとつの実例は，登校拒否と拒食により総合病院の小児病棟に収容されていた12歳の少年，アーロンの描いた描画である。彼はしぶしぶ担当のセラピスト（小児精神科医，女性）との最初のセッションを受けにきたが，「退屈」であったために何もしたがらなかった。精神科医がアーロンに「退屈」がどんなふうに見えるか描かせてみると，彼は涙の雨を降らせている雲を描き，それを描いた自分自身に驚いた（図3-6参照）。そして彼は涙ぐんで，彼を訪ねると約束した母親が電話で取り消してきたことを打ち明けた。セラピストは彼の悲しみと拒絶を，そして彼が日頃このような気持ちからどうやって自分自身を守っていたかを理解できた。そこでセラピストは，自分の怒りを「退屈」して何もしないという消極的攻撃の姿勢で表しているのだということを，彼自身が気づくようにした。この場合，アーロンが受け入れた退屈の経験を描画で表すと

第3章　描画による個人心理療法

図3-5b

図3-5c　　　　　　　　　　　　　　　図3-5d

Bored

Upset

図 3-6

いう教示がされなかったなら，この洞察はそうやすやすとこの気難しい若者に受け入れられなかったであろう。彼は実際に自分の中にある悲しみと拒絶の隠れた感情を学習体験するためにその描画を使ったのであった。適切な時期に導入されれば，感情を描画に表すという教示は極めて重要な学習過程になり得るのである。

治療の終了

　治療の終了期には，クライエントに作品全部を思い出して，治療によって自分自身がどのように変わったと思うかを描かせることが多い。「以前，以後」の描画もまた，人が自分の変化を評価するのに役立つ（図 3-7 参照）。この教示はクライエントが自分の進歩を観察する具体的な目印を提供する。
　図 3-7 は，選択性寡黙症と診断された13歳の少年入院患者が，病院での最終治療セッ

第3章　描画による個人心理療法

Before and After　　　Other ways To Have Control
Not talking　Talking　tell people the way I'm feeling.
Protection　less protection

図3-7

ションで描いたものである。「以前，以後」の描画を描くようにという教示は，治療中に身についた洞察のいくらかを明らかにした。例えば，彼は自分が話さないようにする時は，自分を守り，周囲の状況をコントロールしようとしているのだと気づいた。しかしながら，描画の左側にある顔の表情からもわかるように，この防衛の態度をとっても彼は嬉しくなかったし，満足もできなかった。彼はまた，他人と話をすると防衛が緩みより嬉しくなると気づいた。彼は信頼できると感じる人と話すことで，よりコントロールできていると感じる方法を身につけた。話したがらないこの少年に描画を用いたことは，直接話をせずにコミュニケーションすることを彼が学ぶのを助ける，非常に有効な手段であった。

　治療関係が終了する前に，治療やセラピストからクライエントが独立できるよう，将来の自分や将来の目標などを描かせるのも役に立つ。彼らの最後の描画には，現在の環境を離れることをめぐる両価的感情が見られるのが普通であるが，最終セッションの間にその描画についての話し合いを持つことにより素晴らしい結果を得ることができる。

短期の心理療法と危機介入における描画の使用

　描画を治療に用いる場合，セラピストは長期的な深層の手法と共に，危機的状況や感情の激変に対処する短期でより焦点をしぼったテクニックにも熟達していなくてはならない。短期治療の例としては，入院に至る自殺企図や激しい薬物反応，医学的病気，不満と家庭不和を生む失業，配置転換，大切な人の死，別居や離婚などの状況的な問題が含まれる。危機の中にいる人が自分の葛藤にただちに対処できず，その心理・社会的資源が弱

まった場合，これらはすべて問題となり得る。

　治療的介入の日数は限られており，ひとつの問題に焦点をしぼるために，描画の使われ方も違ってくる。例えば，描画の教示は通常，転移のような長期的なものに結びつく必要はない。もしも治療を受けなければならなくなるような問題領域や危機をその人が認識し明らかにするのを援助するだけであるならば，描画はとても有効である。最近の問題に関係していると思われる過去の問題や思い出，記念日などを確認する場合も，短期治療として描画が使用される。クライエントに自分の長所や社会的拠り所，現在と過去の対処法を描かせると，短期的戦略を考える際にかなり役立ち得る。

　例えば，11歳のマイク少年は，入院中の短期治療の間に，広範囲な評価の一部として自

図3-8

第3章　描画による個人心理療法

分の長所だと思う点を描くよう求められた（図3-8参照）。彼は自尊心が乏しく，自分自身を長所がたくさんあるように表したがらなかったため，彼に何かを描かせるために，評価者は彼の長所の多くを支持して明確にしてやらなければならなかった。実際，マイクが描いた最初の描画（図3-8の左下）は母親の描画であり，彼と母親は病的な依存関係にあるようであった。セラピストから自分の長所を抜粋して注意して見るように言われて，マイクは自分には以前思っていたよりもたくさんのよいところがあることを，具体的に知ることができた。この指示により，マイクと彼を助けることについて明確な目標を持っていたセラピストは，いくらか自立機能を得たのである。

　短期治療における描画は第2の言語となり，クライエントは描画によって自力で再調整する能力を高めながら，問題を「認識して」解決する。描画はまた感情表現を強め，それが問題解決を目指す人を助ける。そしてこれがさらに，クライエントが現実的に問題とどのように妥協するか，また長期治療が必要かどうかをセラピストが評価するのを助けるのである。また，短期治療では描画の中で目標を象徴的に表現し，決めることができる。クライエントに「過去，現在，未来」の描画を描かせると，個人的責任と継続の認識を高めるのにもかなり役立つ。現在の危機に関係する過去の類似の問題を描くよう求める教示もあり得る。基本的にこれらの教示は危機情報モデルに従っている（Caplan, 1964; Lindemann, 1944）。つまり，介入の焦点は情緒的な病気を治すことよりもむしろ問題解決に向かうところにある。全体として，短期治療に用いられる描画は，より深い問題を探るというよりも，解決と対処の支援のために用いられる場合に最も有効である。

　28歳の白人男性スティーブは以前，反復性うつのために入院していたことがあった。短期間の入院の間に，彼は担当のセラピストから「過去，現在，未来」の描画を描くように言われた（図3-9参照）。この描画（彼は右から左に描いた）から，彼は絵画的に描くことができ，その後自分のうつの時期についての感情を表現し，そして未来に対する楽観的な見方を示すことができた。画面右手に嵐の前兆が近づいている。実際の嵐，あるいは彼が現在体験していることは落雷で表現されている。彼の無力さと弱さは逃げようとしていることで表されている（実際，その後彼は自己破壊的になって入院した）。

事例の紹介

　以下の事例はこの章で提起された問題をより深く掘り下げ，治療の中で生まれた進歩を一層促すための重要な時に使える，鍵となる描画教示を読者に提示しながら，治療関係における様々な局面を紹介するものである。読者が新しい描画を見た時に自分自身で論理的な指針を探り出せるよう，説明は最小限に留めてある。

　ここに取り上げたのは，州立の精神科病院に入院していたデビッドという17歳の思春期

図 3-9

の青年の事例である。彼は思春期病棟の精神科医に「行為障害」と診断され,「APA 精神障害に関する診断と統計マニュアル第3版（DSM-Ⅲ）」により劣悪な社会適応および攻撃的と分類され,パラノイアになりかけの攻撃的な傾向のためにその病院に収容された。寝室では,彼自身の護身用と思われるいくつかの盗んだ武器が見つかった。彼は警察から公式に破損,侵入,車上狙いの罪に問われたことがあり,言われるところによれば逮捕された後,自殺念慮があった。彼は裁判所の命令で評価と治療のためにその病院の思春期病棟に入院したのである。

　デビッドは描画に重点を置く治療を受けるのに先立って,すでに約1年間入院していた。彼はその病院の思春期病棟で自主的に大量の描画を描いていたし,自由参加のアートセラピーのグループにも自主的に継続して参加していた。この青年への治療には約8カ月

第3章　描画による個人心理療法

を要した。治療の初期，デビッドは不安そうで，素早く描画を描き上げてしまい，かなり自己批判的な傾向にあった。彼はめったに人と視線を合わせられず，自分の考えを言うのにも苦労していた。明らかに子どもの頃に重度の言語障害があり，それが思春期になってもまだ見られた。

　最初の自画像（自己概念を投影させるための教示によるもの）の中で，デビッドは筋肉たくましい傷と縫い目のある像を描いてみせた（図3-10参照）。この彼自身の描画に続いて描かれたのは，地面に突き刺さった血まみれの剣であった。この彼自身を表した大きなたくましい人物像は，実際の彼が小さかったことから考えると，どこか大げさで非現実的であった。この事例では，彼は自分について感じる不全感を補ったものと思われた。血，傷，剣は潜在する怒りの強烈さの表現であるようだった。デビッドは自分を描写して「血だらけで暴力的な空想」をするとさえ言っていた。

　その時点でセラピストは，デビッドは剣を持った孤独な自分を描いていることからわかるように強烈な自己破壊を夢想しているが，剣は彼の手を離れており，それは衝動を拒絶しようとする気持ちの表れであろう，と結論づけた。またズボンのベルトとジッパーが強調されていることは，性的事柄についての不安を示しているように思われた。この最初の描画にはまた，彼の強迫的とも言えるような描画の細かい部分へのこだわりが明らかに見られるが，これは彼が潜在する怒りや不安，混乱をコントロールする必要を強く感じていることを示していた。

図3-10

図 3-11

第3章　描画による個人心理療法

　デビッドの偏執病質とも言える空想は次に，最初に入院した時の個人描画評価で描かれたスクリブルに投影されている（図3-11参照）。彼は大きな2つの目をざっと描いて，「見物人（Beholder）」と名づけた。
　これらの評価的な描画と彼の無意識のおしゃべりからセラピストは，デビッドはさらに善悪というテーマに関して葛藤しており，自分を守ったり，隠れたり，空想の中に逃げ込んだりすることがどうしても必要だったという結論を，治療の初期に得ることができた。（後に挙げる例がこれらの点を説明している。）デビッドのセラピストと彼の両親の掛かりつけのファミリーセラピストが情報交換をして，デビッドの両親もまた苦しんでいて，しばしばその葛藤の中心にデビッドを巻き込んでいたことがわかった。彼は両親を善悪の「きわどい裂け目」のようなところにいるとみなしていたようだった。彼は父親は家庭で支配的な役割を果たしていたが，母親は善人であると思っていた。後でわかったことだが，彼の母親は魅惑するようなやり方でデビッドと結束する傾向があり，父親を大っぴらに批判し，しばしば彼に仕返しをするのにデビッドを利用した。デビッドはまた，母親は自分と同じように空想好きであり，父親は理論的で支配的であると感じていたようだった。このように，デビッドは母親との結束を強めていった。彼の母親との一体感は描画に表現された豊かな空想の中にはっきりと見られた。彼のコントロールを必要とする気持ちもまた，描画の細部にこだわったり完璧を求めるところや，好みの表現媒体として一貫して鉛筆を選択しているという形で，その作品の中にかなりはっきりと表れていた。
　掛かりつけのファミリーセラピストと協議して，アートセラピストは両親の葛藤にデビッドが果たした役割を家族治療の中で探っていくことに同意した。そしてセラピストは，デビッドが個人的な欲求と潜在する怒りや葛藤を表現する方法として，描画の使用に焦点を合わせることに決めた。デビッドの描画は次のようにも使われた：1）彼が怒りに対処する際の不適応なやり方を調べる，2）支持的雰囲気の中で現実を試す，3）描画の才能を支持することにより彼の自己評価を高める，4）彼の好きなものや嫌いなものを描写したり，人間関係をめぐる彼の混乱を見ることによって，彼の自己同一性形成を援助する。（治療期間中に行われることはたくさんあるため，ここでは主にデビッドの怒りに関連した空想の使用や転移，そして彼の治療の終結段階に焦点をあてる。）
　デビッドは空想の世界に逃避しがちだったので，セラピストは彼に「ワーストファンタジィ」「ベストリアリティ」「ベストファンタジィ」を表す一連の描画を描かせるアイデアを取り入れた。この方法をとればデビッドが自分の逃避傾向を深く洞察することができるようになり，現実に対処するより適切な方法を見出すだろうとセラピストは信じた。デビッドは最初に「ベストファンタジィ」についての描画に取りかかった（図3-12参照）。
　この描画は未来を描いたもので，そこでは人は地下で暮らしている；ここに再び，彼の内向的要求が表れていた。デビッドによれば，山頂の宇宙ステーションは惑星（右上角）

図 3-12

第3章　描画による個人心理療法

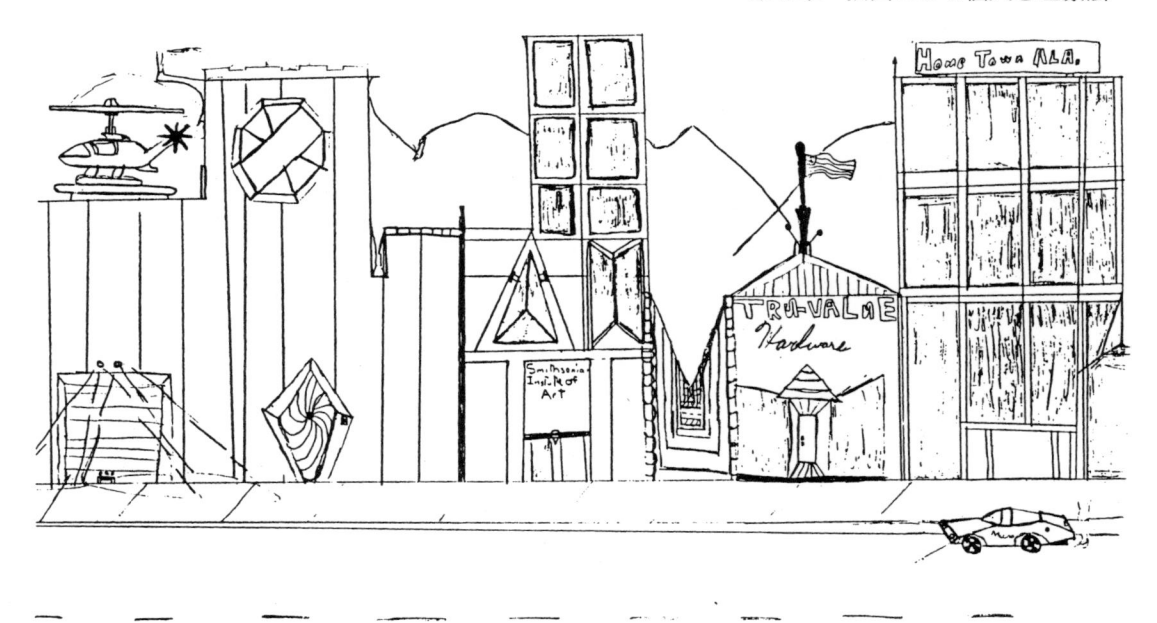

図3-13

に住む敵から地下の人々を守っている。セラピストは山の向こうには何があるのかクライエントに尋ねることにより，もっと情報を得られるかもしれない。デビッドはそれは水源だと明かした。川はデビッドの描画に繰り返し現れるテーマであった。このシンボルの使用をめぐって話し合った結果，川は描画の「出口」を表し，これもまた不快な環境から逃れたいというデビッドの欲求の表れであるとセラピストは結論づけることができた。

　セラピストはそれから，デビッドに「ベストリアリティ」を描くよう求めた（図3-13参照）。デビッドはビルの立ち並ぶ市街路を描いたが，ビルの名前はデビッドの自己同一性形成の過程で重要である問題，つまりアート，価値，家庭に関係がある。この描画は描写が詳細である点と，脱出ルート（通路）が描かれている点で，以前の描画と質的に非常に似通っている。左側のビルは金持ちで風変わりなビジネスマンの家として描かれた。全体として，デビッドは現実を描く時でさえ夢想しがちであった。電動式のガレージドアの上には訪問者を見張る電子の目があって，すべての窓に日よけがおりている。彼はまた，訪問者が正しいパスワードを知らずに足を踏み入れると，ドアが「彼らをまっぷたつに切ってしまう」のだと説明した。以上のことはすべて，デビッドの猜疑心の強さと攻撃的傾向を改めて強調している。

　デビッドはそれから「ワーストリアリティ」を描くことにした（図3-14参照）。細部へ

図3-14

のこだわりはここにも，ベンチの前の地面の煙草の吸い殻といった形で現れている。線の質は彼がこの描画の完成に前2作の時よりも不安を感じていることを示しているようだった。雲が太陽を遮っていて，彼のより意図的な攻撃行動を象徴していると思われた。彼はまた，ベンチに座る自分自身も描いた。そのセッションの間，デビッドはずっと逃げ出すことについて話していた。彼がベンチに座っている自分を描いた時，セラピストはデビッドが本当は退院について両価的感情を持っているのだと結論づけた（これは事実だった）。

　最後に，セラピストはデビッドに「ワーストファンタジィ」を描かせた（図3-15参照）。この描画を完成させるのはデビッドにとってとても困難であった。彼は非常に緊張し，不安になっているようだった。描画にはいけにえの祭壇が描かれている。いけにえの犠牲者は2人である。左側は犠牲者の死体で，その心臓は祭壇の上に取り出され，引き裂かれている。祭壇の上には心臓と，それを取り出し，引き裂くのに使ったぞっとするような道具がある。右側の死体はいけにえにされそうになった人を救おうとした人である。デビッドはそれから紙全体を赤い絵の具をといた水に浸して，一面に広がる大量の血を表した。

　そして彼は非常に苦労しながら，この描画は何度も見た夢を表していると明かした。夢の中のいけにえにされた人が自分自身であり，彼を助けようとすると誰もが死の危険にさらされるのではないかと，彼はいつも怖れていた。このことは多分，治療中に明らかに見

第3章　描画による個人心理療法

図3-15

られた自分自身を取るに足らないと感じる彼の気持ちを表していた。この描画はデビッドの治療において素晴らしいステップであった。まず，彼は最悪の恐怖を明らかにした。そして，彼を助けようとする誰かが現れたことは恐らく，治療関係のはじまりを意味している。しかし同時に，彼を助けようとする人は皆滅ぼされてしまうのだから本当に助かる見込みはない，と彼が信じていたところに，その根本的な恐怖が表れている。

セラピストはそれからデビッドに，前述の4枚の空想画すべてを1枚の描画に統合して描かせた（図3-16参照）。セラピストがこのような描画を描かせた目的は，必ずしもそれぞれの描画の中で「別々の形」で空想の中に引き込もる必要はないのだとデビッドが気づくのを助けることだった。セラピストはデビッドの想像力を長所として支持する一方，もっと適切な使い道があることを示唆した。

この描画はデビッドの治療期間を通して続けられた。そこには治療での彼の進歩が反映されていた。彼はベストファンタジィの中の山と川を描くことから始めた。これらは彼に安心感を与えたのだろう。それから彼は描画の左上に病院を描き加えた。山の頂上には宇宙ステーションを描いた。自分の空想の世界の重要さを示すために宇宙ステーションをより大きく描いたのだ，と彼は説明した。デビッドは次にワーストファンタジィの中から，犠牲者を右側の地面の穴に向かって追いかけている2人の誘拐者を描いた。セラピストは彼に，前のどの描画にもなかった地面の穴をどうして描画の中に含めたのかと尋ねた。彼

95

図 3-16

第3章 描画による個人心理療法

図3-17

は穴は犠牲者の隠れ場所だと述べた。（いけにえの祭壇を描画の中に入れることは，恐らくデビッドを不安にさせすぎたのだろう。）左下の街は，彼のベストリアリティの街だった。
　この話の中の金持ちで風変わりな人は，街を出て宇宙ステーションの下のお城に移っている。その風変わりな人のヘリコプターには「剃刀の刃のように鋭い」滑走板がついていて，誰もよじ登って乗り込むことはできない。ここでもデビッドは，偏執的とも言える攻撃的空想にとりつかれている。セラピストはこれらの描画を統合することの重要性を強調するため，デビッドにすべての現実をそのようなやり方で関連づけるよう指示した。彼は道を描き，それから川に橋を架けた。
　前述の描画を描くための何回かのセッションで，デビッドは思春期病棟が「退屈」で，スタッフや他の臨床家に腹が立つと文句を言っていた。セラピストはデビッドに退屈している彼自身を描かせて，この感情全体を洞察させようとした（図3-17参照）。彼はまず自分が座って煙草を吸っているところと，ベッドに寝そべっているところを描いた。次に彼は座って煙草を吸っている自分（右側）を描いて，その頭上に浮かぶ巨大な雲を付け加え

図 3-18

た。それから彼は自発的に「退屈」している時に考えることのシンボルを描き始めた。彼はこれらのシンボルがひどく怒っているように見えることに驚いた。「退屈」は彼の怒りに仮面をかぶせたものだろうという洞察がすぐになされた。そして彼は雲を炎を吐いている怒ったドラゴンに変形させた。(そのような圧倒的な感情から逃れたいという欲求を表すために,彼がドラゴンの左足の中に空想の世界の丘を描き入れたこともまた,注目すべき重要な点である。)

デビッドが大きな描画(図3-16)の中の病院を象徴的に,そして怒って破壊したのは,治療のこの時期だった。爆撃する前に何人か(セラピストも含む)を救うのが彼にとって大切だったことに言及しておくべきであろう。彼はまた,応戦するためのレーザーを病院に与えたが,結局は彼が勝った。この描画を描いている間デビッドは怒りを見せていたが,それは入院患者として自由を奪われているからだと思っていた。さらに,彼は両親に対する怒りとフラストレーションを表現して,他人を信頼できない不安について検討した。この信頼感の欠如は,子どもの頃の精神的外傷となるような体験から来ていると思われた。

セラピストはデビッドに怒りを直接的に象徴するような描画を描かせた(図3-18参照)。治療のこの時期までには,デビッドは問題に取り組む助けにするという成熟した方

第3章　描画による個人心理療法

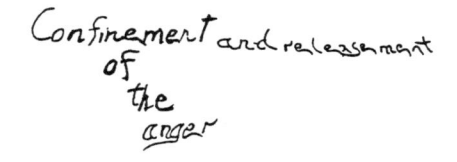

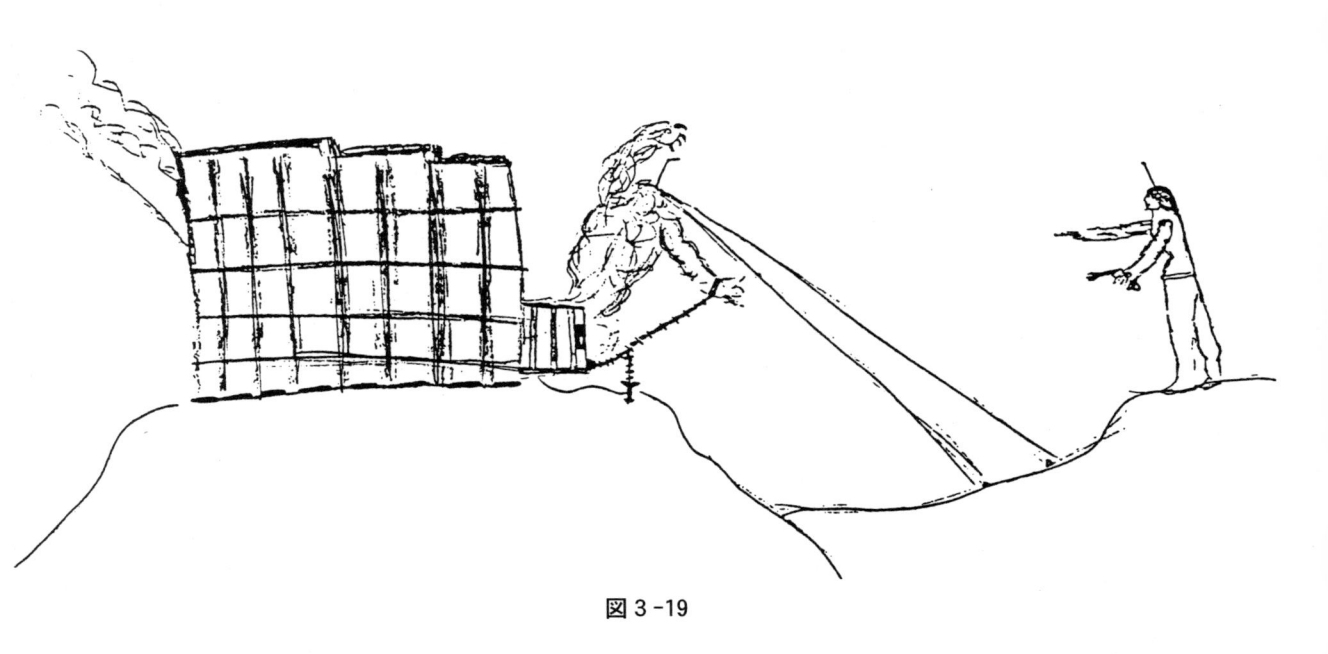

Confinement and releasement of the anger

図3-19

法でアート媒体を使うことのよさを認めるようになり，セラピストが求めるどのような描画でも進んで描こうとした。自分の感情を描くことはデビッドにとって，強烈な怒りを表すための安全なはけ口となった。このスケッチの中で，彼の怒りの感情は浮かんで燃える大きなボールとして表れている。彼はまた自分自身が怒りと対決するために穴（彼の後ろの地中）から出てくるところも描いた。

この描画教示に続いてセラピストはデビッドに，衝動に負けているというデビッドの気持ちを弱めるため，怒りをコントロールするものを象徴的に表現させてみた。この教示は比喩的な方法で，デビッドに今までにも怒りをコントロールすることができたかもしれないと考えさせるための試みであった（図3-19参照）。この描画では，山の上で鎖につながれ檻に入れられたモンスターとして，怒りが表現されている。モンスターはデビッド（右側）に，頭に付けたアンテナでコントロールされている。彼は安全な距離を保っていて，銃を持っている。興味深いのは，人々がモンスターの危険から守られているように，モン

99

図 3-20

　スターも人々から守られる必要がある，とデビッドが愛情を込めて語ったことである。この言葉は多分に，彼の不安，そしてまとまりのある環境とストレス源から解放された環境への欲求を表していた。
　デビッドはまた，「モンスターを生かし続けるのは怒りだけだ」とも言った。この言葉は，もし自分が怒ることができなかったら打ちひしがれて自殺を試みていただろうとデビッドが信じていることを示していた。デビッドはまたこの時，自分の描画の「残虐と暴力」が弱まり始めていることにも気づいた。
　先に描かれた怒りについての描画に続いて，デビッドは病院の外で見つけたものを取り入れ始めた。それらは彼にとっては現実を表していたが，空想も含まれていた。例えば，彼は雨風にさらされた森を描いた。彼は森の一画を指し，他の惑星の風景だと想像してほしいとセラピストに言った。デビッドは空想と現実を統合し始めたように思われた。そこで，セラピストは彼に空想を重ね合わせることができる風景画を描くことを提案した（図3-20参照）。
　この描画にもまた，繰り返し出てきたデビッドの引っ込み思案と逃避のシンボルである

第 3 章　描画による個人心理療法

図 3-21

洞窟が見られる。しかし私たちは，彼が完全に引っ込むのではなく，見えるように入り口に座っているのを観察することができる。洞窟を描写するための岩の穴などにおいて，デビッドが自分の観察したものをその通りに再現しようと非常に注意を払ったことが重要である。岩の裂け目を強調しているのは，再び，彼の細部への関心を示している。しかしこの描画を描くのに，デビッドは初めて鉛筆ではなくチョークを使った。チョークはこすって不鮮明になりやすいが，彼がそれをあまり気にしていないようだったのはコントロールに対する欲求が薄れてきたことを示すものであろう。森は「密集して隠れやすく」，「野蛮人が獣を追い払い，彼の洞窟を守るために火の番をしている」。

　この描画には依然として偏執的なところがあるものの，その激しさは減り，より背景に合っているように思われた。火もまたより小さくなっており，これはデビッドの怒りの表現が以前よりいくらか薄れたことを反映しているのであろう。この描画に続けて，デビッドは写実的な山の描画の完全なシリーズを描いた。これらの風景にはまだ彼の以前の描画の要素（例えば，山と穴）が含まれているが，比較的空想的でなくなり，怒りの象徴的な表現は少なくなっている（図 3-21参照）。この描画には「自由への憧れ」というタイトル

101

図 3-22

第3章　描画による個人心理療法

Limbo

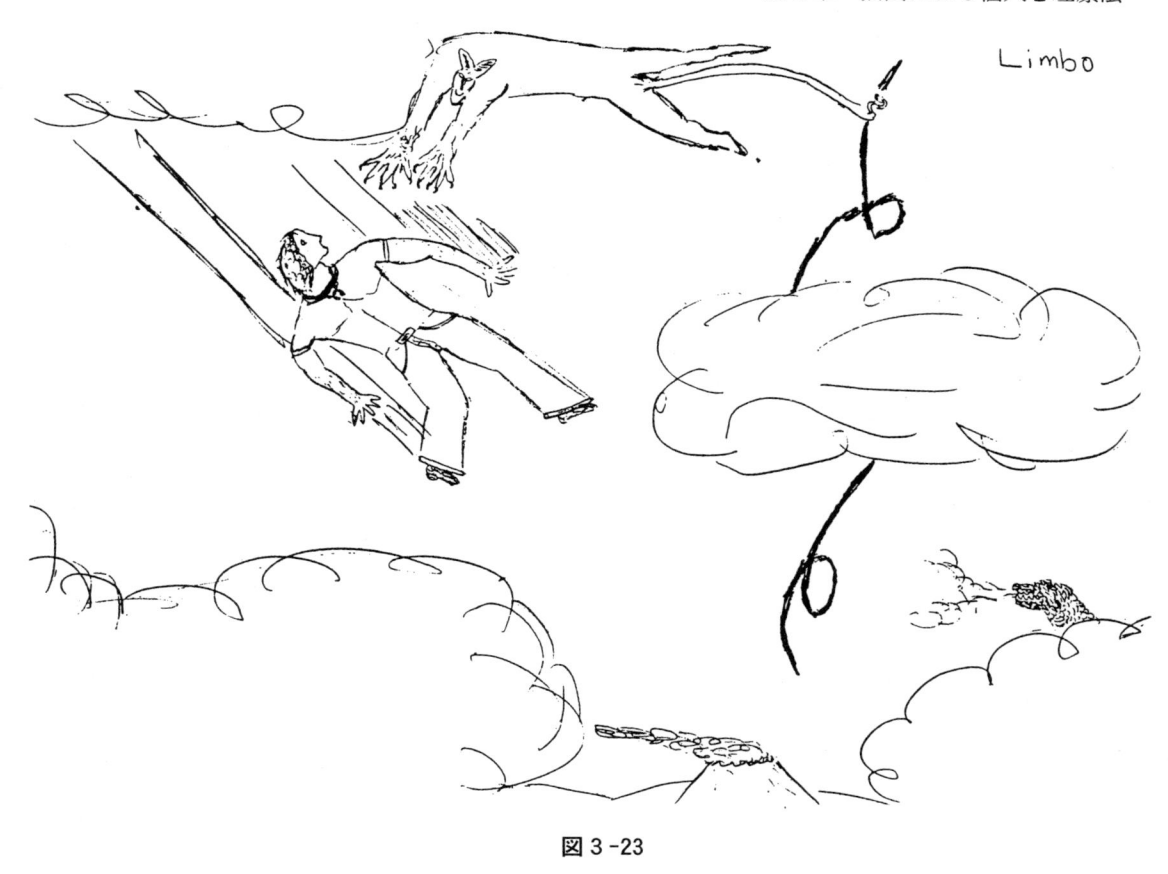

図3-23

が付けられた。デビッドは病室の外の山々を1年以上にわたってよく眺めていたことをセラピストに打ち明けた。

　デビッドの治療における転移の問題はこの時点で頂点に達したようだった。その次の描画で，彼は自分が「渦巻くプール」に吸い込まれているところを描いた（図3-22参照）。彼の対処能力を高めるために，セラピストは彼に渦巻くプールに吸い込まれている状況に代わる何かを表す描画を描き加えるよう求めた。彼は岸にいて彼を引っ張り上げている「救い主（Savior）」を描いた。図3-23では，デビッドは雲の間を火山に向かって落ちている自分と，下にいるドラゴンを描いた（図3-23参照）。

　火山とドラゴンは自分の怒りの象徴だとデビッドは明かした。この描画に付けられた「地獄の辺土（Limbo）」というタイトルは，退院させてもらえる可能性があるかどうかについての彼の困惑を表していた。

　それから彼は，ロープにつながっていて彼をつかまえようとしている「親切な悪魔」を付け加えた。悪魔は鋭いかぎ爪を持っていて，それは恐らく治療に対するデビッドの両価的感情を示すものだった。

図 3-24

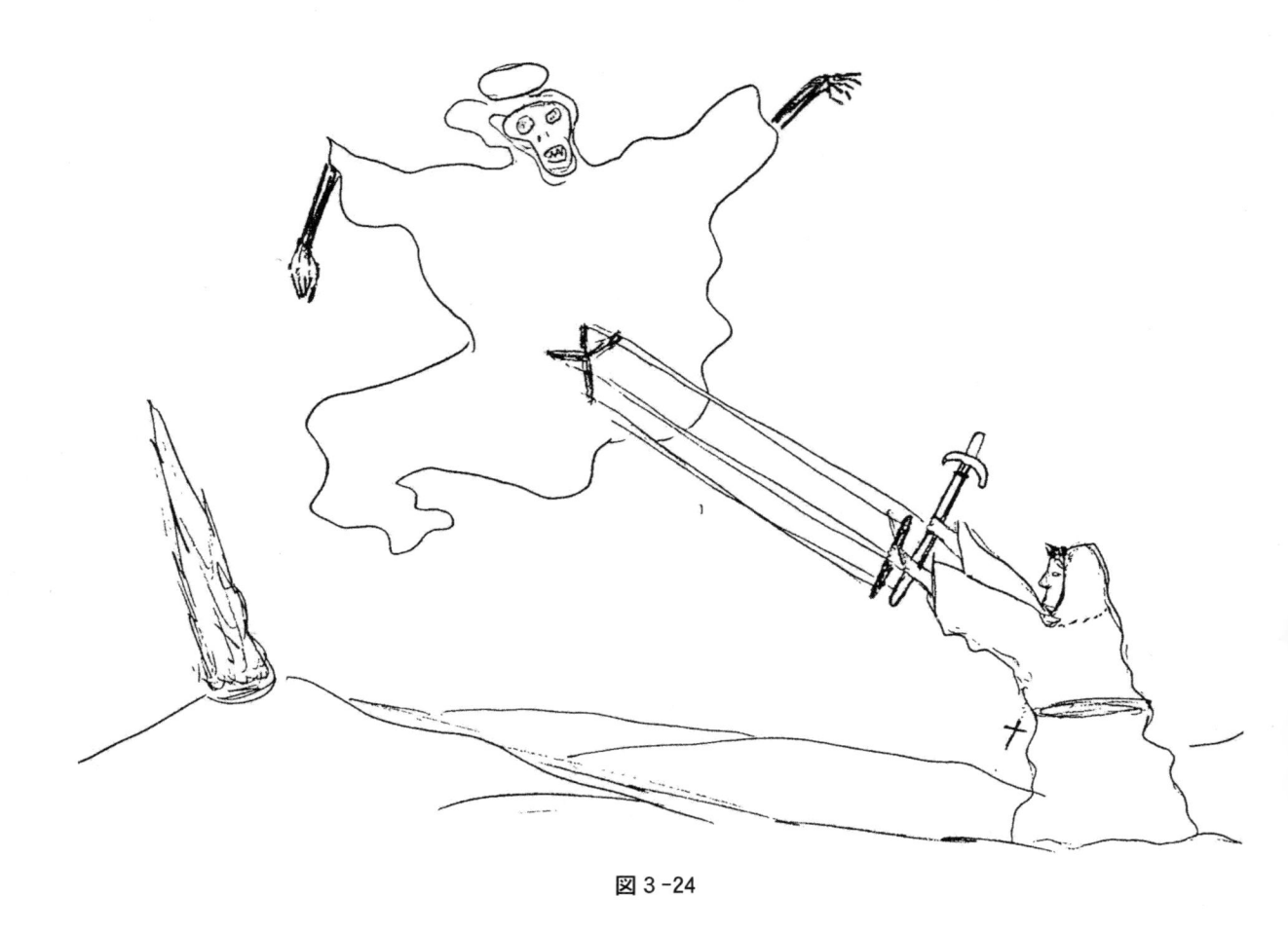

次にデビッドは，描画を通して自分の恐怖についていくらかの洞察を得ることができた（図3-24参照）。この描画では，「聖者」（多分セラピストを表している）が不安を表していると思われる幽霊を追い払っている。デビッドの怒りのシンボルとして繰り返し登場する火山が，背景にまたも描かれている。その描画については，宗教的なものが観念化されているその内容から見て，偏執的な質がある。象徴的にこれらのキャラクターに助けられて，デビッドは自分の恐怖と向き合うことができ，自分の描画に「無の不安（Fear of Nothing）」というタイトルを付けることができた。これには，「不安それ自体以外には，

第 3 章　描画による個人心理療法

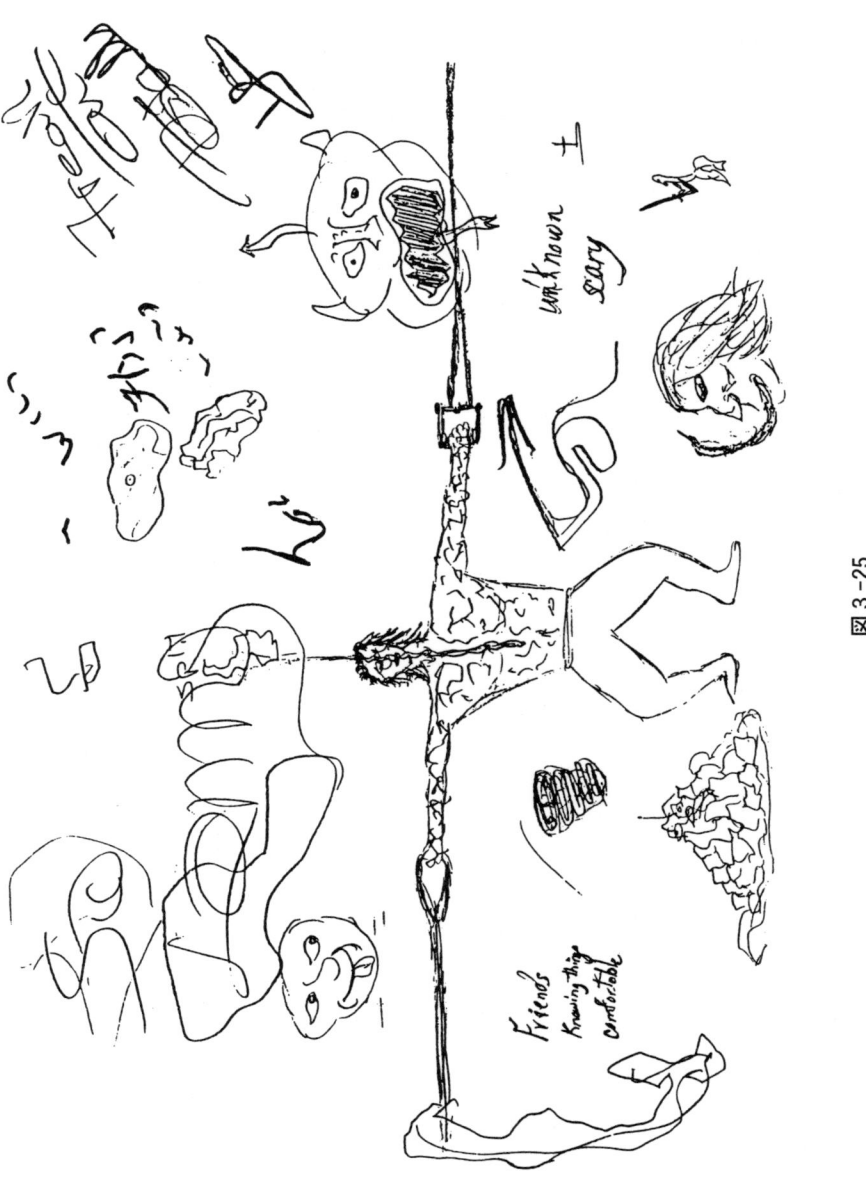

図 3-25

105

図 3-26

怖れるべきものは何もない（Nothing to Fear but Fear Itself）」というより明確なサブタイトルが付けられた。この描画は彼の潜在的なエゴの強さと，新しく見出された自分の恐怖に立ち向かう能力を示しているように思われた。

　デビッドの退院の日が近づくと，彼は無力感，不安，両価的感情に圧倒されるようになった。これらの経験を共有するために，彼に再び自画像を描いてみるように求めたが，それは困難な考えや感情を言葉にすることが彼にとっては依然として難しかったからであった。彼はこれらの感情を，外見上半分に分裂した自画像に表した（図3-25参照）。ページの右側は，彼がその後入る予定になっていた地域の治療センターを表していた。彼はそれを「見知らぬ，恐ろしい」と説明した。左側は彼が現在いる病院を表していて，

図 3-27

「友だち，知っているもの，快適」と説明された。全体として，その描画は彼が相当不安で圧倒されるように感じていたに違いないことを表すものだった。意味不明の形がたくさんあり，かなり混乱していた。

　デビッドがこれらの恐怖と直面できるように，セラピストは彼に「未知」の描画を描かせた（図 3-26 参照）。この練習でデビッドは，「？へのドア（doorway to ?）」越しに向こうを見ている自分自身（背を向けている）を描いた。濃い影が落ちていて，ドアの外の，デビッドが「目がくらむようだ」と描写した強い光を明示していた。彼は「目を慣らすための時間が少し」必要だと言った。これは退院するという事実を受け入れるのにいくらか時間が必要だということを言う，彼なりの方法だったのであろう。背中を向けた像はしばしば拒絶を表す；そこでセラピストはデビッドに，ドアの反対側（すなわち，彼自身の正面図）を描かせた（図 3-27 参照）。

　彼は自分の姿を描くことはできたが，描画の中の線の質は極度の不安を反映していたし，細部にこだわっていることからわかるようにコントロールへの欲求が増していた。デビッドはドアの反対側にある現実のものを，何も想像できないようだった。セラピストは

その後，退院するとどのようになるかについて彼と話し合い，不安を和らげるためデビッドを治療センターに行かせた。

　治療の終了に先立って，とうとう，デビッドは自発的に大作（戻って図3-16参照）を完成させた。彼はまず病院の後ろに山脈を付け加えて，「約束の地」（将来）を表現した。彼と2人の友だち（爆発と宇宙ステーションの間に鉛筆で小さく描かれている）は，この「約束の地」に向かって腹ばいで進んでいるように描かれた。それから彼は，宇宙ステーションと城を炎上させて破壊した。そして地中の穴も塞ぎ，大きな黒いバリケードを描くことによって犠牲者を守った。彼はその後，描画の現実側にある道をつなぐために，もう1本道を加えた（中央）。また，空想側にある橋を燃やしてしまった。最後に，彼は描画に「空想からの脱出」というタイトルを付けた。これによって，デビッドは対処のメカニズムとして空想の中に引き込もりがちになるのをやめて，「約束の地」に向かって進み続けたいという願いを，象徴的に述べたのである。

　要約すると，デビッドは描画を通して，なぜ自分が緊張を和らげるために空想の世界を利用したのかについての洞察を得ることができた。彼は自分の空想が，潜在する怒りや不安，恐怖の表現手段であることに気づくことができた。デビッドは自分の怒りと向き合い，それをコントロールする力を得るために，象徴的に地中の自分の穴から出てきたのである。彼はまた，自分の空想の世界と現実をよりうまく統合できるようにもなった。転移の描画を通して，信頼できる人間関係を築くことが自分にとって困難であることを，そして自分の無力感を，認めることができた。そして，不安に象徴的に向き合うことができ，少し圧倒されなくなった。治療の過程を通じて，彼は自分の不適応な対処法を認め，受け入れることができた。最後の描画はまだ逃避，不安，そしていくらかの憂うつの傾向を示していたが，彼の潜在的な怒りは，恐らく「ワークスルー（学習体験）」された結果，相当弱くなっていたと思われる。

第4章

家族システムにおける描画の使用

家族システム*

　家族は，ルール，コミュニケーション，そして階層性から成るひとつのシステムである（Satir, 1967）。すべての家族システムは，家族のメンバー全員によって決められ承知された，顕在もしくは暗黙のルールによって支配されている。これらのルールはふるまいのパターンを決定して，家族のバランスを維持する恒常的なメカニズムを作り出す。このメカニズムは危機の折，家族を以前の均衡に戻すための引き金になる。例えば，ある母親が父親に不平を言い，その後父親が息子と彼の最近のふるまいについて議論するとする。その後，父親と息子は口論するが，母親はその状況から引っ込んでいる。このパターンが繰り返し見られる場合，家族のあるルールを推察することができる。それはつまるところ，この家族のどのような組み合わせの2人をとっても，意見の相違があり，それを解決するのはかなり難しく受け入れられない，というものである。家族のメンバー全員の代表として徴候的なふるまいを見せたクライエントについての懸念にかかわらず，この家族は恒常

＊家族機能の複雑さと家族システムの実用的な知識を持つ必要性のために，本章は描画介入を紹介する前にまず，家族の理論上の様相に焦点を置く。

性または現状を維持しようとすることに固執し続け，家族構造を変えようとするどのような努力にも抵抗するであろう。こうしたことがファミリーセラピストの仕事を極度に難しくしているのである。

正常な家族機能 対 機能不全の家族機能

　いわゆる「正常」に機能している家族では，メンバー間の境界が明確である時，問題解決における柔軟性がある時，明確なコミュニケーションがある時，そして不適応なふるまいを引き起こす強化的なものがない時に，正常の恒常性が生まれる。対照的に，機能不全の家族は，支配階層構造の崩壊や問題解決への取り組みの失敗，そして互いの行いに十分な報いを与え合わないことによって，それが例示される。家族が機能不全である場合，そのことを表す上記のようなパターンは治療による変化のターゲットとなり，家族が機能的である場合，そのことを表すパターンを専ら支持し，強化することとなる（Minuchin, 1974）。

　とてもうまく行っている家族とうまく行っていない家族の間には，家族のサブシステム（すなわち，組織化されたセクション）における著しいコントラストがあるように思われる。その2つを比較する場合は通常，親の連合に注目する。この連合は機能不全の家族ではより弱いのが普通で，そこでは交渉の代わりに脅迫が見られ，隠された葛藤がメンバー間のやりとりをさえぎっている。著しく機能不全の家族では，両親の団結がもろくリーダシップが実質的には機能しておらず，結果として決して家を離れない依存的で執着する子どもか，できる限り早く家を離れるような正反対の子どものどちらかが育つ（Haley, 1980）。

　ある家族の機能について学ぶひとつの道は，危機の時の彼らの対処戦略を観察することである。失敗から学ぶ家族もあれば，機能不全のやりとりのパターンをとり続ける家族もある。有効な関係を維持するために，家族はコミュニケーションの明確なルートを維持しなければならない。これができない場合メッセージは，矛盾しているか混濁したメッセージが受信者を混乱させる「二重拘束」であるかもしれない（Bateson, 1972）。加えて，1人のメンバーが身代わりにされる場合，その人はしばしば家族不調和の原因のレッテルを貼られる。このメンバーに焦点が集中する時，家族のメンバー間の葛藤のその他の原因は無視されてしまう。

　問題が起きると，家族構造の中の境界が重要であることを明らかにしてくれる。境界は家族のメンバー間の関係を定義する目に見えないガイドラインである（Gumaer, 1984）。夫婦間の隠された怒りが子どもの上に置き換えられる時，関係の限定についてのコメントがなされる。これらのあらかじめ定められた役割はその家族の境界であると考えられる。境界は，問題に陥った時から解放されるまで連続して存在すると見ることができる。家族のメンバー間の境界がぼやけ，メンバーが互いに関わりすぎる時，問題に陥ることにな

る。家族のメンバー間に絶えず妨害するようなふるまいがある場合や，家族のあるメンバーがいつも他のメンバーに話すというような場合も，家族が問題に陥っているという概念にあてはまる。これはしばしば成長と発達を阻害する。問題に陥った家族やカップルがこのように機能し続けるならば，独立した自己感覚を学んだり経験したりすることは決してない。もちろん，家族の境界が堅牢すぎる場合には，孤立と分離の壁が形成されるという正反対のことが起こり得る。このように，家族内で遊離しているサブシステムは対人接触が低いと知覚される（Minuchin, 1974）。

　円満に機能する家族は，複雑な配列の中で相互に作用し合う多数の部分から成る複雑なシステムである（Minuchin & Fishman, 1981）。このグループのサブシステムは階層構造の中に，その上から下まで行きわたる力の分配と共に存在する。しかしながら，ほとんどの複雑なシステムのように，部品（または家族のメンバー）間にはどれほど強力な個人よりも強いつながりがある。それぞれの家族のメンバーはこれらのやりとりのユニットのいくつかに属しており，それぞれが異なった役割を果たす。あるサブグループのための技能と規則は，家族の別のサブグループには適合しないかもしれない。機能的な家族においては，メンバーは役割を柔軟に変えながら，毎日の生活の中の様々な状況を手際よく扱っている。

精神保健専門家の役割

　精神保健専門家の主要なねらいは家族サブシステムであり，家族評価の間にまずその輪郭をつかまなければならない。家族の中の2人や3人の組み合わせは，家族システムの発達のポイントであり，もしも変化が起きるのであれば，その変化のねらいである。この大切な側面を認識することは，家族機能の改善のために非常に重要である。

　社会的な序列の中で，家族構造が各メンバーのアイデンティティを「形作って」いる（Minuchin & Fishman, 1981）。この組織には，家族が治療環境に持ち込む発達的な役割とユニークな知覚の歴史がある。各メンバーは自分自身を他者と異なった存在であり，そして個人的な問題や強さ，可能性を評価する大きな存在の一部であると認識する。（本章の終わりの事例の紹介は，ひとつのグループとしての家族の知覚と同様に，これらの分離した個人的な知覚を強調するものである。）家族が専門的な第三者に自分たちを見せる時，彼らは自分たちがすでに「形作った」特定の現実について，その客観的な評価を望んでいる。

　そうすると，評価者にとっての最初の目標は，自分たちのスタイルで問題を解決する家族にとって有用な治療的真実を定義し，選択することとなる。評価の過程では，進行しながらそれ自体を維持しようとしている自分たちのユニットについてのその家族の知覚と，家族のメンバー間の分化と能力の向上に向けて努力している治療的立場との間に，明らかな

区別が生じる。これはそのスタートから葛藤を生み出す。代わりの構造または現実の中に家族を導くために、評価者にはその家族の現実の中に足を踏み入れることや「加わる」ことが必要とされるし、その逆のことも言える。例えば、家族の中の父親の役割のひとつが家族のことを部外者に明らかにするのを制限することならば、評価者はそのような態度で父親との関係を持つことによって、他の家族のメンバーとオープンに関わり合ってもよいという許可を得なければならない。その後で初めて、ファミリーセラピストはこの構造に挑戦することができる。家族組織を観察し敬意を抱いた時、そしてメンバー全員のユニークな現実に対して適切に答えた時、その家族に加わることができるのである。

家族評価の実施

家族評価を実施する際、臨床家には豊富な情報が提供されるが、それらの情報は戦略的な段階を通してフィルターにかけられなければならない（Madanes, 1981; Minuchin & Fishman, 1981）。そこには、観察されるべき境界や強調されるべき長所、注目されるべき葛藤や焦点を合わせられるべき補足的パターンがある。評価者は常に、後に確認されるか除外されることになる仮説を立てなければならないが、変化を促す組織化された構造の中でこの過程を準備しなければならない。評価者は、事実を相互に関係づけるようなやり方で、そして担当のセラピストのために関連性を生み出すような態度で、情報をアレンジしなければならない。同様に、テーマやゴールを詳述する実用的な計画や戦略も、このようにして優れたものになるのである。

サブグループの提携に関する初期の実用的な仮説として、家族の力動性についての印象を確証するのか棄却するのかが重要になる。これにより臨床家は家族構造に干渉し始めることができる。観察力の鋭い評価者はその家族について、各メンバー同士の近接、誰が最初に話すかまたは会話の多くを始めるか、誰が家族のメンバーのじゃまをするかまたは弁護するか、誰が助力を提供するか、誰が確証を与えるか、というような側面を心に留めるであろう。

これらの初期の仮説によって評価者は、誰が誰と最も近い関係か、提携や連合に関して家族のどの側面がユニークか、つまり誰が誰を何のために助けるか、ということについての手がかりを得る。初期の仮説はまた、家族構造のサブグループ間の過度の関わり合い――例えば、問題に陥っている2人、閉じている3人――や、これらのコミュニケーションのパターンがどの程度までこの家族システムの継続を助けるかということについての手がかりも提供する。

評価者はセッションの間、家族のメンバー間の力動性とセッションの全体的な雰囲気を活発に観察している。両親と子どもたちはその日常的な行動のいくつか、例えば、お互い

にどのように話すのか，両親がどのように子どもたちをしつけるのかといったことを見せてくれる。評価のためのセッションの総合的な雰囲気は，強制されたインタビューの場合はしぶしぶだったり台無しかもしれないし，親が脅している場合は怒りと罰の場面かもしれない（例えば，繰り返ししつけに失敗すると，父親はその子どもを「怖い人」のところへ連れていくと脅す）。

また，評価者が大人のメンバー（例えば，父親と義母）間の関係を覚えておくことも大切である。世代間の階層性は，何らかの不調和が存在するかもしれないという手がかりを提供する。親や祖父母がインタビューに「引きずられた」かどうか，または家族がありとあらゆる問題を否定して平和的に見せかけるために団結しているかどうかを，確かめることは重要である。インタビューが学校制度や病院などの第三者によって強制されている場合，この後者の状況はしばしば起こる。

もちろん，評価者が活発に様々な推量をしている一方で，これらは実用的な仮説，あるいは試験的な仮説として留められなければならない。もしも評価者がその家族は変化しないだろうと早急に判断したり信じたりすると，他の考えを自分のものにすることができないだろう。家族を評価することは，セッションの進捗に従って常に確認を怠らないようにしなければならない推測のゲームである。評価者が自分の観察したことを人にもらさないこと，またはこの段階で家族システムに立ち入らないことも重要であるが，それは，行き過ぎた判断は脅威となり，治療の必要性についての不必要な疑念を生むからである。

家族評価を行う精神保健専門家は，ある家族の力動性に関する豊富な知識を非常に短い時間で得なければならない。その専門家には，家族のメンバー間のコミュニケーションのパターンと秘密を学び，家族システム内の結びつきと分裂を発見する機会がある。この大きな仕事を達成するためには，その専門家は以下のようなことに特別の注意を向けなければならない。

1）家族のメンバーは礼儀正しいか，または怒りっぽいか？
2）親は子どものことをまるで存在しなかったかのように話すか？
3）親は関心を持っているか，または心配しているように見えるか？
4）家族は以前に治療に参加したことがあるか？
5）家族のメンバーはよい変化への望みを持っているか，またはどうしようもないと感じているか？
6）誰が誰を非難するか？
7）メンバーは不一致に対してどのように反応するか，または常にすべてについて一致するか？
8）クライエントはどのようにふるまっているか？　例えば，ろうばいしているか，

ほったらかしにしているか，など。
9）問題となっている子どもに関して話す時，親は配偶者に本気で話しているか？

有効な治療を行うためには，これらすべての質問に答えを得ておく必要がある。

家族による描画の評価

　一般的に言って，家族セッションへの描画の導入は，臨床家にとって家族の相互作用を見るための選択的手法となる。描画の使用は非言語的なアプローチとして，家族のメンバーによる防衛を迂回し，より自由な表現を促進する傾向がある（Rubin, 1978）。描画はメンバーの日常の経験を超えた家族の知覚を共有するための「媒体」を提供する。描画が臨床家によって家族の行動の評価に用いられるであろう理由として考えられるのは，1）新しい経験を通して新しい情報を得るため，2）今後の介入の目標をより具体的にするため，3）家族のメンバー間の不適合なコミュニケーション方法を崩壊させるため，4）家族機能を抑制している可能性のある連合（2人組または3人組）を探るため，5）合同描画によって関係を進展させるため，6）感情表現を脅迫的でない方法によって支援するため，である。

　家族評価に描画を導入することの別の利点は，それによって年齢の違いを均等化することができるということである。例えば，親は描くことよりも言葉の方が流暢であることが多いが，子どもは一般的に具体的な活動をすることをより快適に感じる。また，家族のメンバーが描画を通して自分自身を表現するやり方の違いは，家族の階層性における通常の役割の変化を支え，メンバーが互いに関わり合うやり方の柔軟性を高める可能性がある（Wadeson, 1980）。

　治療への「問題解決」アプローチでは，セラピストは描画の際の役割交替を求めることによって既存の家族システムを崩壊させるために，描画を使用することができる。このやり方で，家族は比較的安全な環境の中でこうした異なる立場を経験し，練習することができる。また，一旦家族システムが変化し始めると，バランスを維持するために描画を使用することができる（Landgarten, 1981）。

　コミュニケーションの焦点が共有された作品にあると普通，参加をより促しやすい。この間に，描画中の家族のふるまいを注意深く観察することによって，評価者は様々な診断材料（すなわち，言語的なもの，非言語的なもの，個人的なもの，相互作用的なもの）を手に入れることができる。また，作品の外観，そして作品に対する家族の関わりも，セラピストに最初の基礎的な仮説を立てるための豊富な情報を提供してくれる。

　家族の力動性は描画の中で，内容，シンボル，量，大きさ，配置，過程，制作を通して

第4章　家族システムにおける描画の使用

明らかになる（Rubin, 1978）。家族構造の中の役割とコミュニケーションの方法は，誰が導くか，または従うか，誰がでしゃばるか，または消極的か，誰が反抗的か，などを観察することによって発見される。例えば，最も若いメンバーが描画の主題を選んだり描画を開始する家族においては，役割反転が起こっていることが明らかであろう。引っ込み思案であるか内気な家族のメンバーは，紙の角で作業することを自分から選択するかもしれない。「身代わり」になっている家族のメンバーは，その描画の中の欠点と判断されたすべてのことについて非難されるかもしれない。同盟と連合は，合同の描画においてそれぞれがどの位置で貢献するかによって明らかにされることが多い。2人のメンバーが描画中に近くで一緒に作業していれば，家族の中の特定の2人組であると観察されるであろう。家族のメンバーの1人が描画の中の他のメンバーの領域に手を出し続けるならば，家族のメンバー間の葛藤として指摘できるかもしれない。

　またアート作品は，隠されたメッセージや家族の秘密を明らかにすることができる。個々の家族のメンバーによって使用されたシンボルは，彼らにとって何が，あるいは誰が重要か，また彼らが家族の他のメンバーにどのように関わっているのか，といった点を示すことがよくある。例えば，同じシンボルを使用する2人のメンバーは，その家族の中での互いへの忠誠についての手がかりを提供しているかもしれない。描画の間に，例えば判断を下しがちで厳格な両親が子どもの作業について批判的になってそれをやり直すといった，家族のメンバーへの破壊的な傾向が観察されるかもしれない。その子どもが絶えず自分の描画への承認を求めており，そしてそれが決して得られない場合も，破壊的な傾向と言えるであろう。これらの観察から，家族が危険に陥っていることや，愛情のこもった養育が欠如していることに関する仮説が生み出され，後に事実であると確認されるかもしれない。

　ある家族が1枚の描画を完成させるのにどれだけの時間がかかるかということもまた重要であろう。描き終えるまでに長い時間をかける家族は，治療の過程で彼ら自身についての情報を明らかにすることや自分たちの信頼の欠如を示すことに抵抗するかもしれない。描画において明らかにされる家族の力動性に関するより詳しい説明は，この章の終わりの事例の紹介でそのあらましを述べる。

　描画の解釈は，臨床家が制作の際に一貫して用いられるシンボルやパターンなどを認識するのに十分な時間その家族を見た後に，初めて行われる。言語療法の場合と同様に，解釈が効果的になり得る以前に，臨床家と家族の間にある程度の信頼が築かれるべきである。このように，解釈は絶対に最初には行われないが，それは解釈が未熟すぎたり，不正確すぎたり，あるいはその家族にとって侮辱的すぎて，その後のすべての治療的関係を危険にさらす怖れがあるからである（Landgarten, 1981）。家族による描画の評価においては，解釈を付した勧告書は通常，紹介してきた臨床家に向けてのみ作られる。このような事例では，描画を描いた家族のために解釈をするのは有効ではないが，臨床家は一般的な

勧告書をその家族と共有することもできる。

結婚評価における描画教示

　描画は結婚評価にも役立つであろう。ワデソン（Harriet Wadeson, 1980）は，結婚しているカップルにアートを用いることの5つの利点を述べている。1つ目は「ひとつの課題を一緒に行うことの直接性」である。2つ目に彼女が述べたのは，描画の中で明らかにされる予想外の「純粋さ」が，そのカップルが堅く保持し続けている古い前提や信念に挑戦するかもしれないということである。もうひとつの利点は，ワデソンによると描画の「空間的な表現」で，それはそのカップルの生活スペースを象徴的に明らかにする可能性がある。彼女が述べる4つ目の利点は描画の持つ「永続性」で，それによって描画は明確にすべきことや見直すべきことを調べるための，また何らかの反応をするための具体的な対象となる。最後に，ワデソンは「楽しみを共有する」という利点を挙げている。自分たちはもはや一緒に楽しんではいないと思っているカップルにとって，描画を描くことはゲームのようになる。

　ワデソン（Wadeson, 1980）によると，結婚評価に役立つ3つの主要な描画教示がある。ひとつは「合同描画」である。カップルは1枚の描画を，できれば話さずに，一緒に描くよう教示される。もうひとつの役立つ教示は，カップルのそれぞれに自分たちの関係を表す抽象画を描かせるものである。その後，彼らは自画像を描いて，それを配偶者と交換するように教示される。この自画像は，全身が描かれた現実的なものでなければならない。完成したら，彼らは自分の描画を配偶者に渡す。そして臨床家は彼らに配偶者の描いた描画を修正させる。これらの描画によって，2人の関係について，どちらがより支配的か，表現されている葛藤や力の闘争の種類，親密さの程度，といった面が明らかになることが多い。

　図4-1と4-2は，ある夫と妻によって最初の相談の時に描かれた。それぞれにセラピストがいて，お互いにどんどん疎遠になっていた。そのカップルは，自分がその関係をどのように感じているかを表す抽象画を，それぞれ別々に描くことを求められた。

　夫の描画（図4-1参照）は，山々，鳥たち，樹木が前景にある，落日（すべてを取り囲んでいる）の抽象的な描写だった。これは問題が生じる前のそのカップルの関係の理想的な本質を象徴するためのものだと，彼は話した。左にある時計は溶けているように見えたが，彼が自分たちの関係にあまり多くの時間は残されていないかもしれないと感じていることを表そうとしたものだった。同じ教示によって，妻は3つの心臓を描いた——右上が夫のもの，左上が彼女のもので，下は彼らの娘のものだった（図4-2参照）。彼女は明らかに自分たちの関係をカーニバル（絵のタイトル）であると見ていた。後のセッション

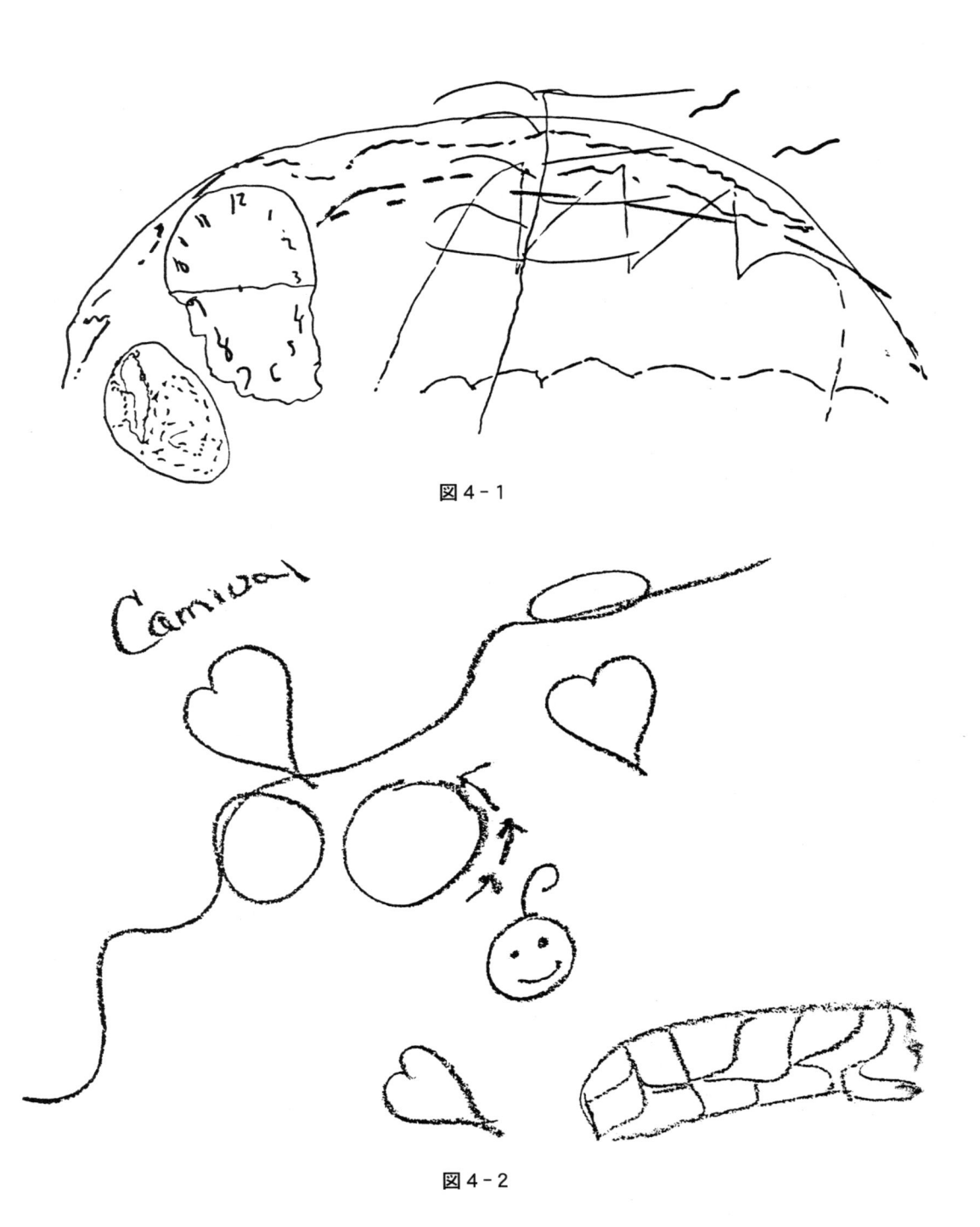

第 4 章　家族システムにおける描画の使用

図 4 - 1

図 4 - 2

117

では彼女はそれをジェスチャーゲームであると描写し，彼女も夫も互いに対して正直ではなかったと述べた。飾りリボンを表す黒い線が，描かれた彼女の心臓を夫と娘のものから実際に切り離したと推測すること（そして後に確認された）は興味深かったが，それは彼女の無意識の願望だったのかもしれない。これらの描画が完成すると，カップルは結婚についての自分たちの苦痛な感じをよりオープンに話し始めることができた。

　図4-3と4-4は，自画像を描いてそれを配偶者と交換するようにという教示により，あるカップルが描いたものである。このカップルは，相手が婚外の情事を持っているとそれぞれが発見した後に，地元の精神科クリニックに入院した。彼らは結婚カウンセリングで和解を試みることを望んでいた。妻が描いた最初の描画で，夫が驚いたことには，彼女は自分の肖像画に「孤独な女性」というタイトルを付けた。対照的に，夫が仕事着姿の自分を描いた肖像画を見ても，妻は驚かなかった。これが明らかに彼女の主な不満だったのであるが，それはつまり彼がいつも働いていることで，そのことが彼女の寂しさの大部分の原因となっていた。

　カウンセラーが描画を交換して自身の考えでそれを修正するようにとそのカップルに教示した時，妻はよりカジュアルな服装の夫を表すもうひとつの描画を加えた（図4-3参照）。夫を描いたこの描画は，彼らが結婚する前のより幸福な頃を彼女に思い出させた。そして夫は妻の自画像を，彼女の口を強調することによって描き変えた（図4-4参照）。彼は描画の口角を上げて微笑みに変え，「話し合いましょう，話し合いましょう（Discuss, discuss）」という言葉を付け加えた。彼は後のセッションで，妻にもっと彼に対して話してほしかったと明かした。彼によると，彼が妻のために時間を割ける状態にあった時さえも，彼女は彼の関わりを持とうという試みに対して引き込もり，彼をいらいらさせ，無力だと感じさせた。多くの理由から，彼らは相手を傷つけるこのサイクルを壊すことができず，描画と言葉を交わすことを通してこれに気づき，このスタイルのカウンセリングによる問題の解決を追求し続けた。

家族評価への描画の導入

　子どもや拡大家族が来る時に描画を用いることを臨床家が計画するならば，すべての家族のメンバーをゆったりと収容できるぐらい大きな部屋が必要である。また，テーブルやイーゼルと，描画媒体が準備されているべきである。家族絵画評価のパイオニアであるクワイアトコウスカ（Hanna Kwiatkowska, 1978）は，家族のメンバーが独立して作業ができ，また互いの作業を見ることができるように，イーゼルを半円形に配置することを勧めている。また，臨床家がこの様式をとるならば，誰が独りになるか，または家族のメンバーの特定の誰かの近くに行くかという，家族の同盟関係の識別に関することを見分ける

第4章　家族システムにおける描画の使用

図4-3

上で，家族の人数より多いイーゼルを置いておくのが最良である，としている。できれば，家族のメンバー全員で行うのが最もよい。3，4歳の子どもでさえも，アートの素材を用いることができるのだ！　クワイアトコウスカ（1978）は，正しい評価セッションのためには，平均して90分から2時間かけてすべての描画を制作するのが望ましいと述べている。

　注意すべきなのは，描画の導入はいつも気持ちよく受けとめられるわけではなく，家族によって防御的に用いられる可能性があるということである。例えば，家族のあるメンバーの傑出した描画技法は，家族の他のメンバーに対して自意識を強く感じさせるかもしれない。はじめは家族全体が抵抗することもしばしばあるだろう。評価に携わることへの躊躇は常にある程度明白であるが，場合によっては家族が合同の描画経験という目新しい状況に直面すると，悪化するかもしれない。説明することでより多くの不安を生じさせるのが普通であると信じている専門家（Kwiatkowska, 1978）もいるが，はじめの緊張を和らげるために，臨床家はその評価の目的について説明し，質問を引き出すことを試みるべきだとする専門家（例えば，Rubin, 1978）もいる。どちらの場合でも，その家族に彼らの

The Lonely Woman

図4-4

　アートの能力は判定されないことを再保証しながら，臨床家は彼らを断固とした態度で支持し続けなければならず，また彼らに敬意を表す必要がある。もしも不安が抵抗として現れ，先に進めることを抑制しがちであるならば，セッションを進めるにあたって，その不安に対応するためだけの時間を取ることがほとんどの場合最もよいようである。

　描画を使用するほとんどの評価では，クライエントは自分の作品にタイトルを付け，サインと日付を入れることを求められる。これらの行為はそのセッションを終了させる区切りとなるし，後の再評価に役立つことが多い。タイトルは，主題，「特有の」意味，具体性または付加的に描かれた象徴性の程度との関連という点から見て，非常に参考になり得る。クライエントと他の関係者の両方にとって，タイトルはしばしば描画に意味を付け加える。サインのサイズと位置も，クライエントの自己知覚を暗示する（Kwiatkowska, 1978）。

第4章　家族システムにおける描画の使用

確立された形式

　評価目的で描画を使用するセラピストによって，現在いくつかの異なる形式が用いられている。この本の著者は，家族絵画評価の実施に際しては著名なアートセラピストから多くの考えを借り，出会った様々な状況に従ってそれらを改訂している。例えば，ある家族はその解釈を受け入れる前に自分たちの人間関係の力動性を「見る」ことを必要とするかもしれない。あるいは，別の家族は問題について議論することに抵抗があるかもしれず，その場合に描画が「糸口を開く」かもしれない。またさらに別の家族は，容易に目標を決めるために，描画のように非常に具体的なものを必要とするかもしれない。これらのアプローチを採用する精神保健専門家は，それらを自分自身の独自のスタイルとやり方に変更することを望むだろう。その場合に描画手順全体の部分またはすべてが，家族セッションを相互に作用させ計画する上で極めて有用なガイドになり得る。

　一般に，共有された描画についての議論は，グループ治療の原理に従う（後のグループについての章参照）。臨床家がより指示的であることが多いランドガーテンのような形式を除いて，家族絵画評価者の役割は主に受け身である（Landgarten, 1981）。評価者はすべての描画を受け入れ，判断を下さないようにする。また，それぞれの描画について家族のメンバー間の自発的な議論を促し，質問を相互に交換しやすくすることである（Kwiatkowska, 1978）。セラピストによる誘導質問は，コミュニケーションを高めるモデルとして役立ち，家族がより素晴らしい洞察に至るのを助ける可能性がある。このような質問の例としては，「リーダーは誰でしたか？」「最も作業をしなかったのは誰ですか？」「あなたはどんな気持ちでしたか？」「あなたが共同作業を行ったやり方は，家で役割を果たす時のやり方と似ていますか？」などが考えられる。

　クワイアトコウスカ（Kwiatkowska, 1978）とルビン（Rubin, 1978）は，家族絵画を使用する際に精神力動性モデルを用いる傾向がある。クワイアトコウスカは6枚の異なる描画を完成させるよう家族に教示するが，その1枚目は家族のメンバーのそれぞれに思い浮かんだことを何でも描くように求める「自由画」である。自分を紹介するために，または家族の問題のある側面を明らかにするために，メンバーが描画をいろいろと使用することがよくある。

　ソーシャルワーカーであるファミリーセラピストが行った2つの絵画評価セッションのうち，1つ目を行ったある母親は1枚の「自由画」を描いた（図4-5参照）。この描画を組み立てる際に，彼女は自分が経験したストレスと，強くあこがれていた休息のことを話した。彼女は15歳と7歳の2人の娘のシングルマザーであった。長女もそのセッションで描画を描いていたが，彼女は家出と無断欠席のために入所型治療センターに入っていた。

図 4-5

第4章　家族システムにおける描画の使用

　クワイアトコウスカのやり方によると，家族のメンバーは次に自分自身を含む家族画を描くように言われる。（この過程の間，家族は人物の身体全体を描くことを促される。）

　図4-6と4-7では，ある16歳の娘と彼女の36歳の母親が，2つの異なるバージョンで家族を描いた。娘は直接家族のメンバーのみに焦点を合わせた（左から，母親，自分，弟，妹）（図4-6参照）が，母親は自分が頼っていた拡大家族（彼女の母親と姉妹たち）を含めた（図4-7参照）。これらの2枚の描画に見られるもうひとつの衝撃的な違いは，息子の配置であった。娘の方は直接家族の描画に彼を入れていたのに対し，母親は，その息子が疎遠になっていた父親と同居していたため，彼を家族構成の外に置いた（右下）。これらの違いは後に，精神科医であった担当のセラピストとのいろいろな議論に発展した。

　クワイアトコウスカの手順での3枚目の描画は，「抽象的な家族の肖像」である。この描画により，セラピストは各人の抽象化の能力を評価することができる。抽象化の原理を理解していない家族のためには，臨床家は「色彩，動き，線，形」を用いてそれぞれの家族のメンバーを表す描画を描くように教示してもよい。

　ある15歳の少女は，家族評価の間にこの「抽象的な家族の肖像」を完成させた（図4-8参照）。この少女は薬物を乱用し始めて学校に行かなかったため，評価目的で紹介されてきた。自分の家族についての彼女の感じ方は，巨大な目の中にすべてが包含されているというもので，たしかに衝撃的であったし，多分彼女のコントロールへの欲求をそれは示していた。彼女が目の中央に下に向かって入れた波状線について推測することは，彼女の家族の中に明らかな分裂が実際に存在しており，興味深いものであった。描画の中の家族の左側はより暗く，不明確に描かれていたが，それは彼らが家族の中で支配的なメンバーであり，彼らの役割ははっきりしていると彼女が感じていることを示しているようであった。中央に描かれている人物が，彼女がこだわらず認めたように，両側から引っ張られていると感じている彼女自身であり，これが最も重要な点であった。

　クワイアトコウスカの手順での4枚目の描画は，スクリブルの援助から始める。メンバーは全身を使って腕の運動（例えば，水平運動，垂直運動，円運動）をするように求められる。次に，彼らは空中にスクリブルをして，この動きを紙上に移すように言われる。そうした結果として生まれたスクリブルを，彼らそれぞれが投影や連想によって1枚の描画にする。この描画は個人の評価で用いられることのあるスクリブル描画と非常によく似ている（評価については第2章参照）。しかしながら，家族のメンバーが描いている間そこにいるという事実が描画の内容に影響を及ぼしているかもしれないということを，評価者は考慮しなければならない。次に5枚目の描画（合同のスクリブル）に入るが，それは上述の教示を繰り返すことにより描かれる。しかしながら上述と少し違うのは，スクリブルが完成した後に，家族のメンバーは互いのスクリブルに投影するように求められるということである。家族グループとして彼らは1枚のスクリブルを合同描画のために選び，そ

図4-6

図4-7

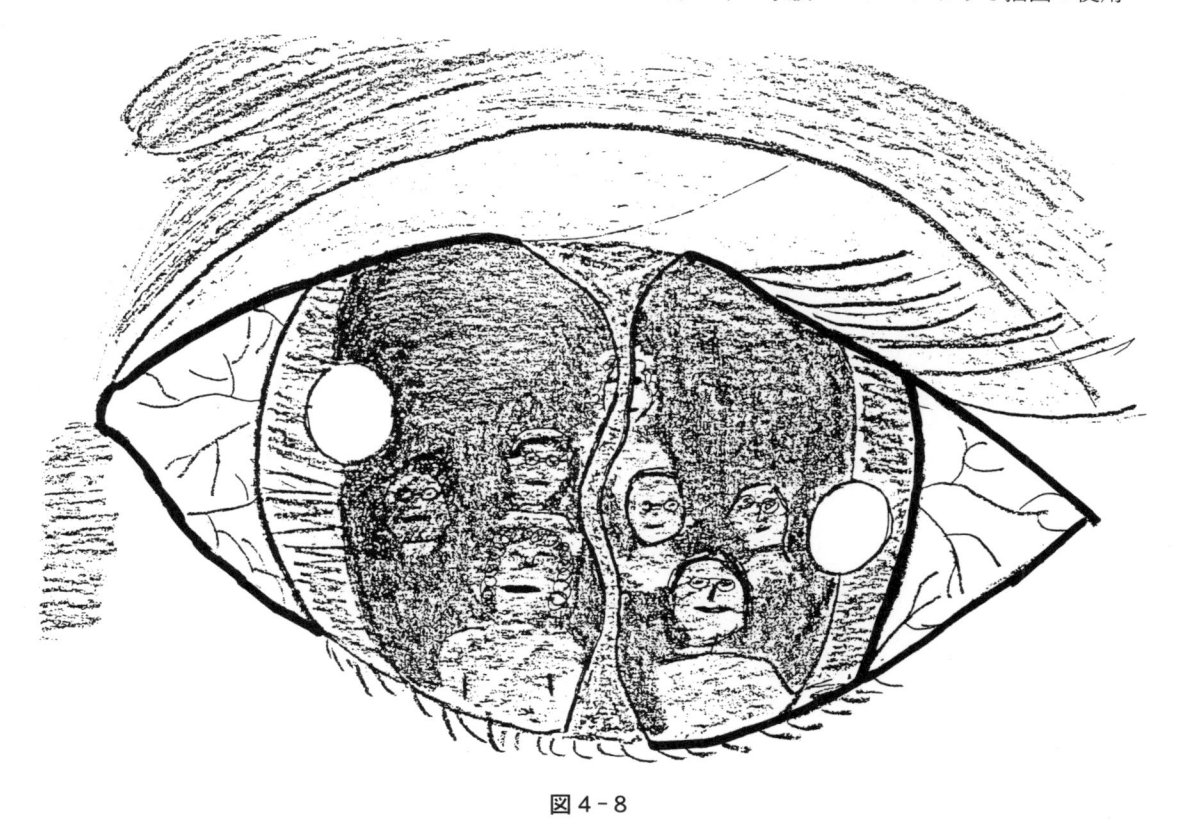

第4章　家族システムにおける描画の使用

図 4-8

の描画の主題について意見を一致させる。

　図 4-9 の合同のスクリブルは，サイコロジストである担当のセラピストにとって多くの領域で適切であり，スペースとロマンチックな概念を共有することについての多くの議論を促した。そのサイコロジストは絵画評価の一部を観察することができ，この過程からたくさんのものを得た。ある母親と彼女の十代の娘が完成させた描画には，いくつかの重要な部分があった。両方が別々のスクリブルの描画を描いた後に，娘は母親に自分のイーゼル（彼女の高さのもの）に来てほしがった。その母親が非常に洗練されていて自制的な人であったので，これは重要なことであった。母親は，彼女自身が迷える線に関してとても批判的なアーティストであったので，娘とスペースを共有して非常に困難な時間を過ごした。（母親がよくまとまっていたのに対して，娘が少し乱雑であったということが見られ，それが家庭における不和の種であるように思われた。）母親が一番上の部分（ハゲタカ）を描き終えた後，娘は中間にある線をあえて越えず，一番下の部分に執着した。彼女の貢献，つまり「Love」という語およびハゲタカの腹部にある目のように見えるものは，ロマンスの概念がこの少女の主要な関心事であるという印象をセラピストに与えた。1カ

図 4-9

第４章　家族システムにおける描画の使用

月後に，この15歳の少女が妊娠していることがわかった。

　クワイアトコウスカが実施すべきとしている家族絵画評価における最後の６枚目の描画は，もう１枚の「自由画」である。一連の６枚の描画は，はじめに表現の自由を家族のメンバーに与え，腕の運動とスクリブルによって緊張をリラックスさせ，ストレスを忍耐力で抑えることを制限する。

　対照的に，ルビン（Rubin, 1978）の評価形式は３つの主要な課題のみで構成されている。彼女はスクリブルから描かれる個人作業の描画から始める。彼女は「連続した線」のスクリブルを描くよう家族のメンバーそれぞれに求める。描き終わると，彼らは自分のスクリブルの中に何か「見える」かどうか尋ねられ，それを一層精密にするよう求められる。最後に，彼らはそれにタイトルを付けて，自分たちの作品を見せ合う。２枚目の描画は「家族の肖像」（抽象画もしくは具象画）であり，これも家族のメンバーの間で見せ合う。３枚目の描画は，壁にテープで貼られた３×６フィートの紙に描く「共同壁画」である。この協力して努力する場面にはその家族が何かを決定し，相互に作用する方法が反映されるのが普通で，注意深く観察しなければならない。もしも家族のメンバーの誰かが他のメンバーより早くはじめの２つの課題を完成させたならば，その人は「自由」な描画を描くように言われる。ルビンの形式における手順は，家族に与えるストレスが最も少なくなり，最も多くの情報が得られるように考えられている。例えば，最初に描かれるスクリブルはしばしば家族の不安を減少させ，家族の問題を診断するのと同様に個人を診断するためにも素晴らしい道具である。

　ランドガーテンの評価へのアプローチは，理論的なスタンスの点で前述の２つと異なっている（Landgarten, 1981）。評価の間に最も多くの情報を明らかにし，家族に治療のための準備をさせることについての彼女の考えは，家族のメンバーが互いに与える影響を強調する「家族システム理論」に根ざしたものである。ランドガーテンはクライエントにではなく，むしろその家族全体に主な力点を置く。家族のふるまいは「問題解決」の創作課題を通して観察される。健康な家族はこれらの課題をそれほど困難なく達成することができるが，機能不全の家族の徴候は，評価過程の間に家族の階層構造のレベルをまたがって連合が起こり始める時に観察され得る。

　ランドガーテンは最初に家族のメンバーに自分のイニシャルをできるだけ大きく描くように教示し，それからその中に絵を見つけ，その絵に手を入れてタイトルを付け，最後に家族の他のメンバーと見せ合うように教示する。ほとんどの投影法のように，結果として生まれた絵を博識な専門家が見ると，クライエントの個性のいくつかの側面が明らかになる。２枚目の絵では，家族のメンバーは同じ１枚の紙の上で一緒に作業をする。彼らは話すことを許されないが，それは非言語的な課題が通常，より多くの無意識的なものを引き出すからである。家族のメンバーには，各人の絵への貢献が容易に確認できるように，異

なる色のマーカーを使用してもらう。家族のメンバーが4，5人以上いるならば，家族は別々の絵を描くためにチームに分かれるように教示される。その時，チームがどのように形成されるかを評価者が注意して見れば，多くの情報が得られる。

ある母親と彼女の息子は，緊急の評価のために家族治療のクリニックを訪れた。両親は最近，父親が町を去っている状態のため離婚した。インテーク面接で，母親は自分と息子の人生を再構築する中でのいらだちを表現した。彼女は息子との間にある緊張と，息子の増大する怒りと制御できない行動について話した。息子は学校で行動障害を示し始めており，また放火によって起訴された。

クリニックでの包括的な評価の一部として，それまで互いに話していなかったその母親と息子は，1枚の紙にできるだけ大きくイニシャルを描いて，それを絵にすることを求められた。イニシャルが「A」であった母親は，その文字をもとに家を描いた（図4-10参照）。赤色の使用と煙突から吐き出されている多量の煙は，隠された怒りが存在する可能

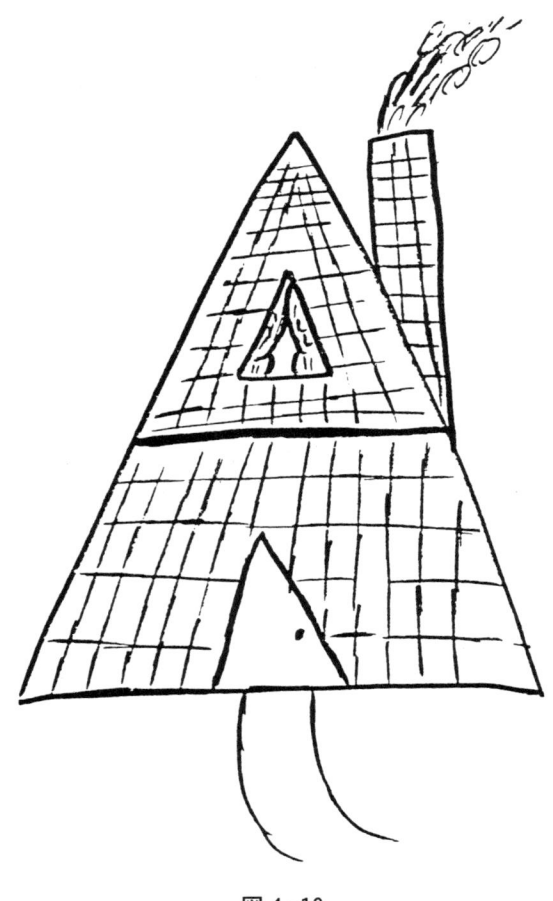

図4-10

第4章　家族システムにおける描画の使用

性を示しており，彼女はその存在を認めた。強迫的に描かれたレンガは恐らく，怒りをコントロールする彼女の試みを表していた。息子の怒りとそれをコントロールしたいという欲求は，彼のイニシャル「O」から描画を作る試みに見ることができた（図4-11参照）。赤色の過度の使用（星と円）と，その描画が一番下に配置されていて外側の円が厚いことは共に，彼の感情と欲求の高まりの指標だった。彼が内側のスペースを黒で塗りつぶしたことは，恐らく内なる悲しみの経験の記述だったのであろう。土台としてこれらの描画を使用することによって，母親と息子は自分たちのフラストレーションを明らかにすることを，すぐに互いに許し始めた。

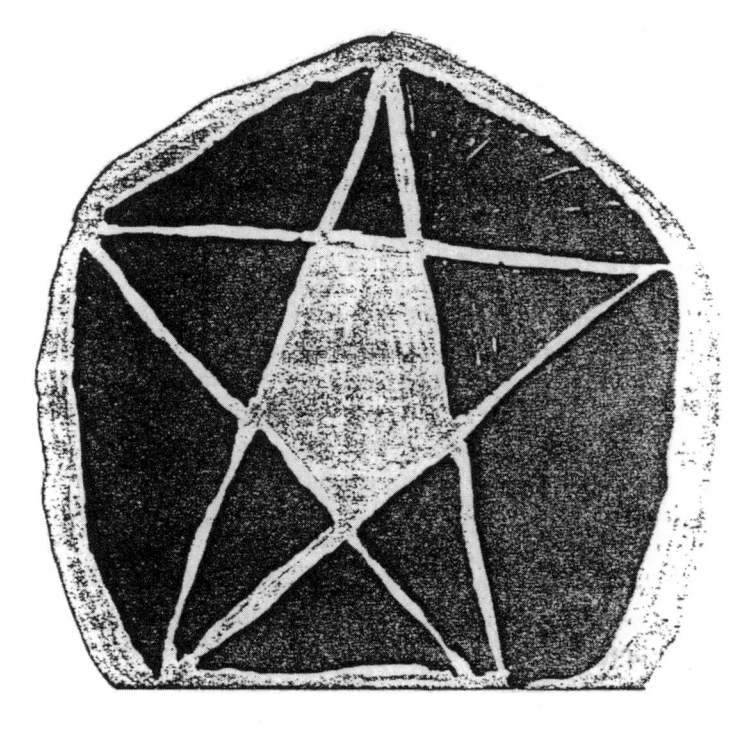

図4-11

戦略的家族治療とアートの結合

　家族絵画評価のもう1人の主要な提案者であるソボルは，比喩的な情報を引き出し，家族の階層性と同盟を変化させ，自己の探究を促すのにアート課題を用いて，戦略的な家族治療とアートセラピー技法を統合した（Sobol, 1982）。彼女は非言語的コミュニケーション課題として比喩的にアートの作業を利用する。彼女にとって，家族のコミュニケーショ

ンの基礎としてのジェイ・ヘイリーの比喩概念は，戦略的モデルとアートセラピーの間を結ぶものであった（Haley, 1963）。アートは比喩的である。アート表現を通して，家族はより本物の様式とより破壊的でないやり方で，その後言葉や行動を通して，問題を表せることが多い（Sobol, 1982）。

アート作品から得られる情報は，担当のセラピストのために目標を設定し，教示を計画するのに用いられる。家族システムの「再構築」はアート課題自体を通して達成される。ソボルはアートの役割として，次の3種類を挙げている（Sobol, 1982）。

1）今後の介入の計画に用いることができる比喩的な情報を引き出す――例えば，家族のメンバーの描画をその人の権勢を表すものとして解釈し，より大きな敬意をもってその人に接したり，その人がより活動的に参加できるようにするためにより弱いメンバーに参加を求めたりする。
2）階層的な連鎖を中断するか家族の連合に干渉するために，描画課題を与える（例えば，両親が子どもにじゃまされずに描画ができるようにする）。
3）家族から「聞いて」もらえない，幼くていらいらした子どもであるという例を示すことによって，家族のメンバーが描画の過程を通して自分自身を表現するのを助ける。

アートセラピストである本書の共著者（Patricia Gould）はソボルの仕事に興味を持つようになり，ヘイリーの初期インタビューの枠組の中での，治療的な描画の評価目的の使用を完成させた。ヘイリーによると，初期インタビューの間に通常は4つのことが連続して起こる（Haley, 1976）。これらは，1）全員が歓迎され，気持ちのよい態度で対応される「社会的」または挨拶の段階，2）セラピストが家族を直接に懸念される領域について詳しく述べるように導く「問題」の段階，3）家族のメンバーの間にコミュニケーションが確立される「相互作用」の場面，4）家族が治療的変化のための教示を提供するよう求められる「目標設定」の段階，である。ヘイリーはまた，家族に関わりを続けさせるために宿題を出すことを勧めている。これは家で単純なアート課題を行うように教示することで簡単に達成される。

社会的な段階のアート課題として単純に，自由画を描くように家族に求めることができる。「あなたがここにいるのはなぜだと思うかを描画で表現してください」，もしくは「問題を描画で表現してください」というような教示で，社会的な段階と問題の段階を結合することも可能であろう。臨床家は家族の目標を設定するのを助けるために，問題がどのように変わったらよいと考えているかをそれぞれ描くよう，家族のメンバーに求めてもよい。相互作用の段階では，セラピストは各メンバーに「あなたが家族をどう見ているのか

第4章 家族システムにおける描画の使用

を描いてください」と言い，臨床家が家族システムに焦点を合わせることができるように，共同壁画を描くよう求めることができる。事前に観察された家族の中の2人組や3人組に一緒に作業をするように特に求めることによって，臨床家がその家族をより深く評価できるのも，この段階においてである。最後の段階は描画を概説するのに用いられる。以降の事例の紹介は，ヘイリーの初期インタビューの4段階を達成するために，様々な描画教示をどのように使用することができるかを例示する。

事例の紹介

バッド一家は，17歳の息子トムが，12歳の妹エイミーを刺した後に裁判所から精神科病院への入院の命令を受け，評価目的で紹介されてきた。トムは事件についてはどのような記憶もないと言い，その出来事を薬物とアルコールの乱用のせいにした。病院の治療チームによる思春期病棟でのトムの評価期間には，軽い行動病理が見られただけであり，心理学的テストと神経学的テストでは重要な異常は明らかにされなかった。紹介された医師は，トムが家に帰ることが可能かどうかを決定する際の助けとなる家族機能に関する追加情報を，その病棟のソーシャルワーカーに要求した。バッド一家は，トムが病院から出た時に一家に会うことになっていた地域の戦略的ファミリーセラピストに紹介されていた。そのソーシャルワーカーによる電話でのインテーク面接の間，一家が彼女に対して極度に用心深く防衛的だったので，彼女は初期のミーティングの間に一家の抵抗を打ち破るための脅威を感じさせない方法として，家族画を使用することに決めた。（このソーシャルワーカーは以前に家族絵画評価の訓練を受けており，家族評価をする際はしばしばアートセラピストと共に働いていた。）家族画の解釈に基づく勧告状は，地域のファミリーセラピストと，治療チームにも送付されることになっていた。

バッド夫妻とエイミーは，評価セッションのために病院へ来た。バッド夫人がこの家族の中での「権威者」であり，支配的なメンバーであるように思われた。彼女は繰り返し，家族がどれほど「オープン」であり，トムが「彼の問題を直す」のをどれほど助けたいと思っているかを述べた。初期の描画セグメントの間彼女には，家族の他のメンバーの観察を否定するか価値がないとし，また彼らが完成させた描画について説明する傾向があった。

家族評価におけるこのセグメントでは主な表現媒体として描画が使用され，家族は5回来院した。各セッションは1時間から1時間半続いた。家族のメンバーは別々に，次のものを描くよう教示された：1)「問題」をどのように見ているか，2)「問題」がどのように変わるとよいと思っているか，3)「問題」以前，「問題」の最中，「問題」以後の自分たちの人生をどのように見ているか，4) 家族の絵。次に彼らは共同で壁画を描き，その後に父親をリーダーとして別の共同壁画を制作するよう求められた。さらに，母親と父親の2

者による絵が要求された。

娘エイミーによる最初の絵は，家族治療室の中のいつもと違う環境（すなわち，マジックミラー，マイクなど）による彼女の緊張を明らかにした。彼女はその絵の中に天井から下がっているマイクと右上の角のカメラ窓を入れた（図4-12参照）。この絵の質は強制そのものと言えるものであったが，それは恐らく評価過程で経験した怖れを象徴的に思い出しているか，または後に家族システムの中に形成された強制を反映している可能性もあると思われた。このテーマを，刺される感覚の象徴的な反映であるととることもまた可能である。部屋を囲む黒く重い線は恐らく，心配している自分の気持ちを含めたいという彼女の欲求を表している。事実，家族全体が，利用可能なアート媒体の選択（すなわち，彼らは鉛筆とマーカーを選択した）によって示されたように，コントロールへの基本的欲求を持っているように思われた。これは多分，家族のメンバー全員が高い水準の不安を経験していたという徴候であった。

対照的に，トムの最初の描画はより直接的に「問題」に関する彼の心配を反映している

図4-12

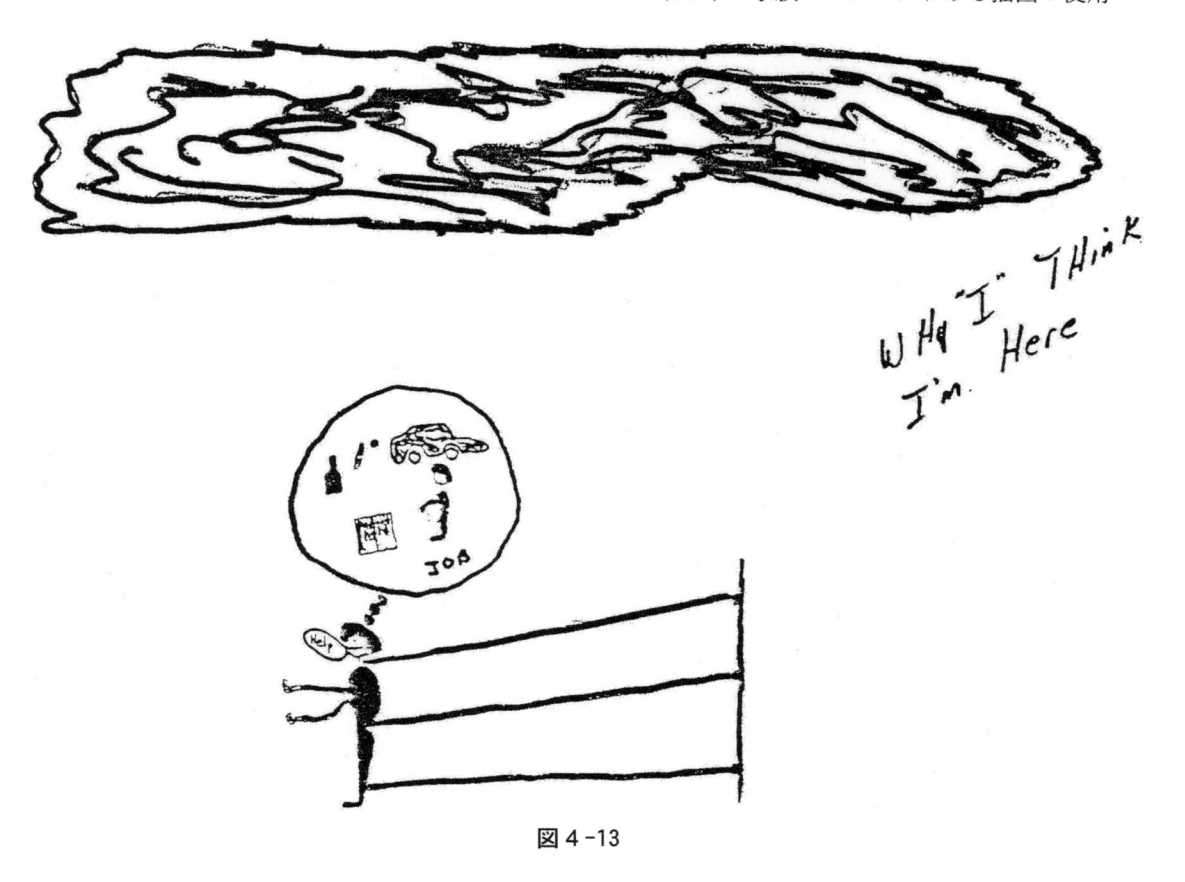

第 4 章　家族システムにおける描画の使用

図 4-13

ように思われた（図 4-13 参照）。彼の頭上の黒い雲は彼の隠れた憂うつか，もしかすると不確実な未来を，そして彼の身体につながったロープは彼の無力感を，暗示しているように見えた。吹き出しの中の彼の考えには，関心のあるいくつかの領域（つまり，アルコール，薬物，車，ガールフレンド，仕事，学校の成績）を表すシンボルが描かれていた。

　父親による最初の描画は，スケッチ風の線の質と多くの消し跡が示すように，かなりの程度の心配を明らかにした（図 4-14 参照）。家族の他のメンバーのものと比較すると，彼の描画はどちらかと言うと空虚であったが，それは彼の自発性のなさと緊縮した感情を反映していた。興味深いことに，描画の中の唯一の色である赤色は家の中に使われており，恐らく彼が爆発しやすい家族状況を感じていたことを示していた。しかしながら，両親には共に家族の中のいかなる問題の存在についても否定する傾向があった。父親の否定は彼の描画の内容でさらに強化された。彼はトムが問題の種としてではなく，息子として家に帰ってくるところを描いた。彼はまた自分自身と自分の描画を「ひどい」と言い，自身への評価の低さと，自分は家族にとって重要でないと感じていることを明らかにした。

　家族が問題がどのように変わるとよいと思っているかを表した描画は，概して理想化さ

図 4-14

図 4-15

第4章　家族システムにおける描画の使用

れた。例えば，この教示によって描かれたエイミーの描画は，皆がトムの問題を単純に見逃したか「×を付けて消した」というものであった（図4-15参照）。描画の中で何かを「×を付けて消す」ことは，否定の明白な表示であることが多い。加えて，評価のその時点では誰も問題についての責任を受け入れていなかった。母親の家族の中での支配的な役割と問題を否定する傾向は，彼女の「私たちの幸せな家族（our happy family）」という言葉と，中に「ホームスイートホーム（home sweet home）」という言葉が書かれた家によって説明されていた。母親と娘が共に描画の中で否定を用いたことはまた，母親と娘の間の閉じた感情的な結びつきを示していた。

　両親の間の葛藤は，バッド夫人の「問題以前，問題の最中，問題以後」の描画の中で明白になった（図4-16参照）。描画のすべての段階で彼女は，夫が家から出かけようとしているか不在であることを強調し，彼がやるべきだと彼女が思っている仕事を彼女が片付けなければならないというように自分自身を描いた。

　父親による「以前，最中，以後」を描こうという試みの中の家は，この課題の中で相当変化した（図4-17参照）。描画の中の「以前」の部分では家全体が赤色で満たされたが，「最中，以後」の部分では赤色は部分的に使われただけであった。事件以前には家族の中により多くの怒りと混乱があり，トムが妹を実際に刺したこととその影響が，この感じられていたプレッシャーのいくらかを軽減したであろうと考えることができる。トムが妹を刺した事件はまた父親の怒りの隠喩であると考えられるかもしれないし，父親の妻への葛藤を息子が無意識に行動に表した可能性もある。父親が，息子は働きすぎているのが原因で圧倒されているように感じていると思っていることが描画の中で明らかになったが，残りの家族もトムに対して同じ気持ちを感じていた。描画の「以前」の部分では，雇い主はトムに働くよう求めているが，学校の校長は彼に成績が悪いと言っている。バッド氏は描画に自分が仕事に行くために出かけるところを描くことを通して，彼がこの期間にトムの役に立っていないと感じていたことを示した。自分をトムと結びつける父親の試みはまた，「最中」の描画で黒い雲を描き加えたことによっても明らかにされた（これより以前に描かれたトムの2枚の描画に黒い雲があった）。

　家族全体が，トムに家にいてほしいという自分たちの願いを言葉で述べていたが，彼らの隠された両価的感情の反映がその描画の中でより正確に明らかにされていたことは，注意すべき重要なことであった。これは特に，問題について描いた父親の最初の描画に加えて，上述の彼の描画（訳者注：図4-17）において真実であった。このテーマはまた，「問題がどのように変わるとよいと思っているか」を描いた父親の2枚目の描画でも繰り返された（図4-18参照）。これらすべての描画の中で，彼は一貫して家族から「安全」な距離にトムを配置した。

　エイミーの「以前，最中，以後」の描画で，彼女がセッションの前には誰にも話してい

図 4-16

第 4 章　家族システムにおける描画の使用

図 4-17

図 4-18

図 4-19

なかった秘密が明らかになった（図 4-19 参照）。はじめに，彼女はトムが酒を飲み始めたことを母親に言うべきかどうか迷っている自分自身を描いた。明らかに，彼女はトムが地下（トムが彼女を刺した事件が起こったところ）に「酒」を隠し持っていることを知っていて，彼に悪影響があると脅えていた。

家族による他の描画は，主な防衛として否定を用い，問題のない幸せな家族として自分たちを描くという傾向を再度明らかにした。バッド氏の家族の肖像は，彼と妻が庭を監督しており，トムとエイミーがボールで遊んだり自転車に乗ったりしているところを表していた（図 4-20 参照）。

第4章　家族システムにおける描画の使用

図4-20

図4-21

家族の共同壁画の2つの例では，教示なしで描かれた壁画（図4-21参照）と，父親が家族との関わりを増やすのを助けるために，検査者が彼にリーダーの役割を与えた場合の壁画（図4-22参照）の違いを見ることができる。注目すべき重要なことは，これらの壁画の中の家族の作品が一貫して重なり合っていることで，それは彼らにはっきりした境界線がないこと（このことは危険に陥った家族を暗示する）を示していた。

　図4-21ではバッド夫人が主導権を握り，描画全体を指揮した。バッド氏は丘の上に沿った樹木，雲，太陽を描いただけであった。最後には，彼は完全に独りで作業をしていた。これは家族の集いにおける彼の役割が重要でないことを再度強調した。中央の木は，色は赤色であったが，夫人が夫に移植するように頼んだものであった。彼はこの要求を拒否し，彼女に独りでこの仕事をさせた。これもまた，彼らの葛藤と問題解決における結束の欠如を示すものととらえることができた。バッド夫人はプールの横に小さくバッド氏を描いた；バッド氏はこれに応じて自分の頭に帽子を描いたが，これはコントロールの象徴

図4-22

第4章　家族システムにおける描画の使用

であると考えられることが多い。恐らく彼が彼女への怒りをコントロールする象徴的な試みだったのであろう。娘のエイミーはその時，父親から「安全」な距離を置いた家の横に急いで母親を描いた。このように，彼女は両親の葛藤において保護的な役割を果たしているように思われた。バッド夫人は次に2人の子どもを一緒に，プールの中に描いた。エイミーは自分が水をはね上げているところを描くことでこれに応じたが，それは主に彼女が自分をもう少しで殺すところだった兄とそんなに近くに描かれたことで感じたであろう心配をすぐに解き放つためであった。家族のメンバーの中で最初に描画をやめたのはバッド氏で，その後すぐにトムがやめたが，このことは2人の女性に対して自分たちが団結することへの彼らの欲求を再度強調した。母親と娘は仕上げの筆を加えるために描き続け，母親は左に家を，右に木を描いた。

　2枚目の描画（図4-22参照）では，バッド氏ははじめにエイミーに病院を，バッド夫人に家を，トムに彼の学校を描くように指示することによって，適切なリーダーシップ能力を示した。バッド氏はその3つの場所を道路でつないだ。家族が父親を締め出したのはその後すぐで，父親は彼らに何をしているのかと尋ねざるを得なかった。結局は，彼は雲と太陽を描くことによって自分の重要でない役割を再開した。

　その壁画について議論する時，バッド夫人は夫が家でより能動的な役割を担い，より参加するようになるよう彼を支持した。彼は，家庭は母親の，仕事は彼の「管轄」であると強調し，それによって間接的に彼女の地位を支持することで応じた。

　最後に，検査者は母親と父親に子どもたちが見ている前で一緒に描画するよう求めた。これは両親の葛藤とその中における子どもたちの役割に関するより深い情報を得るために行われたものであった。検査者は，この課題が両親にとって達成するのが特に困難なものになる可能性が最も高いが，彼らの違いを最も明確にするだろうという仮説を立てていた。

　バッド夫人はバッド氏に相談することなく描画を始め，彼のアイデアと描こうとする試みを拒否した。彼らはその後，どのような色を使うのが適切かについて議論した。トムは，セラピストが彼にしゃべらないように求めていたにもかかわらず，繰り返し仲裁し，有用な提案をしようとした。この小さなエピソードはたしかに，家族システムと，両親が争い始めた時に生まれた不安を正確に反映したものであるように見えた。

　この点をより深く説明するために，トム1人のアートセラピーセッションにおいて描かれた描画を加えてある（図4-23参照）。トムは両親が立っている2基の別々の桟橋の間の水中でおぼれている自分自身を描いた。母親は彼を助けようとしているように描かれたが，父親は彼が自分で何とかできると考えていた。父親は彼の独立を支持していたが，母親は彼が依存し続けることを促進していたように思われた。トムの世話をする場合の2人の違いを知る別の解釈も可能だろう。どちらにしても，トムが自分のアイデンティティの

図 4-23

ための分離と個性化の葛藤を描画によって象徴的に示したこの「綱」こそが，彼にとっての進行中の問題点であるようだった。

　この家族の作品の内容と，描画の試みの間に観察された彼らの行動に基づくと，両親の間の葛藤が家族内の不安の主な源であり，それはこの家族治療の中で探求を行う場所であると思われた。バッド氏は怒っているようであったが，引き下がることによってこの怒りに対処する中でフラストレーションを抱えた状態が続いており，その方法は効果がないようであった。この「綱」が，自分の生みの親2人の間の葛藤について敏感であるように見えたその子どもにとって，たしかに重要な影響を与えていたようであった。結局，トムが積極的に自分の妹を攻撃することは，父親の怒りを象徴的に行動に表し，彼自身の内なるストレスを解放するやり方なのであろう。

　この評価期間の後，子どもたちにより強いユニットを与えるために，両親は自分たちの葛藤を解決しようと一定期間にわたって子どもたち抜きでソーシャルワーカーに会った。トムが病院から出た時，その地区の保健部局の戦略的ファミリーセラピストはその家族の階層構造を強化する仕事を継続した。これによってその家族内のストレスはかなり軽減されたようで，彼らは日々の問題により柔軟に対処できるようになった。結局，トムは高校を卒業し，親戚の助けで町の外に仕事を得た。

第5章

描画によるグループ治療

治療におけるグループ・アプローチの使用＊

　大部分の精神保健専門家は1度や2度は，様々な対象に，様々な理由により，日々の環境の中で各種グループ・アプローチを用いることがある。入院中，デイケア，あるいは外来治療のいずれにおいても，セラピストはしばしばグループを構成し，そのグループを促進しなければならない。一般的に採用されているアプローチのタイプには，理論的方向づけのもの（例えば，精神分析的集団療法，または洞察指向的治療グループ，ゲシュタルト療法グループ，論理・感情的療法グループ）か，あるいは特定の問題領域（例えば，ソーシャルスキル障害，ストレス障害，薬物やアルコールの乱用）を改善するために構成されたグループがある。グループのリーダーは組織立った訓練に加えて，様々な言語的・非言語的技法と教示の双方を整理して利用する。これら各種の技法は，例えば感情の反射や明確化を含むであろうし，あるいはロールプレイといった非常に積極的なアプローチを導入するかもしれない。

　＊グループ過程に描画を導入する意義は本章で特に強調したいことであり，その細部については後の節で取り上げる。とは言っても，まず，グループ力動性の原理と理論を理解することが重要である。

グループは治療的目的だけでなく，予防的目的のためにも役立つものである（Corey, 1981）。グループは職業的あるいは教育的といった特定のものに焦点を合わせるかもしれないが，思考，感情，行動を強調する対人関係の過程も含んでいる。グループはまた広く問題指向的であり，参加者を状況的な苦闘や一時的な苦闘に直面させたり，彼らの自己打破行動を最小限にしたりするかもしれない。グループは参加者それぞれに必要な共感と支持を与える。そしてこの共感と支持が，葛藤の共有の中で最も強くなる信頼環境と，彼らが懸念することについて調べる機会を確立するのである。

　本質的に，グループのリーダーの役割は参加者間の相互関係における促進者（ファシリテータ）として行動することである。リーダーのこの促進的な役割は，参加者が互いについての知識と認識を広げ，症状軽減のための個人の目標と行動を明確化するのを助ける。受容と方向性を与えるためのグループのメンバーへのこの信頼には，集団心理療法と個人心理療法との間で主たる違いがある。個人心理療法の場合，セラピストは主要な変化の行為者として機能する（Yalom, 1970）。

グループ治療の目標

　グループのメンバーは各グループ体験について特定の目標を決めるが，目標のいくつかの側面は通常ではすべてのタイプのグループに共通する。それらは，1）自分自身と他者を信頼することを学ぶこと，2）提示された問題の共通点を認識すること，3）葛藤を解消するための代替の戦略を発見すること，4）自立の度合いを高めること，5）より多くのソーシャルスキルのレパートリーを合体させること，6）個人の価値を明確にし，修正すること，である（Corey, 1981）。

　クライエントを援助するためのひとつの方法として治療グループを設けることには多くの利点がある。治療グループは参加者に，互いに関係するやり方を発見し，他者がどのように彼らの存在を知覚したり体験したりするかについての貴重なフィードバックを得る，重要な機会を提供する。治療グループは彼らの日常の世界をいろいろなやり方で作り直すし，また彼らの環境の縮図でもある。グループ体験の過程は，グループの外で体験するのとほぼ同じ心配事のサンプルを示してくれる。

　グループは自己開示を増やすための支持と理解を与え，参加者は新しい洞察をもたらす所属感を獲得し始める。これを基本として，参加者はより一層の危険に挑戦し，自己打破行動の代わりとなる方法を探求し，そして批判的でない雰囲気の中で新しい行動を実践することができる。個人心理療法の複雑性はグループ作業の中で高まってくるが，それは特にグループが進歩している時のグループの相互関係と力動性に関してである。

　ヤロムの『集団心理療法の理論と実際（*The Theory and Practice of Group*

Psychotherapy)』は，グループ体験の理論的な基礎を作り上げる中で，その基準を考察している（Yalom, 1970）。彼はグループ治療の過程における「治療的要素」のリストを，次のように示している。

1) 対人的なインプット―すなわち，グループのメンバーがフィードバックを与えること
2) カタルシス―すなわち，フラストレーションを言語化することによって安心を得ること
3) グループ凝集性―すなわち，もはや孤立感を持たなくてもよいこと
4) 洞察―すなわち，行動の無意識的な理由を悟ること
5) 対人的なアウトプット―すなわち，他者を葛藤に引き込むこと
6) 存在に関する認識―すなわち，人生の無常を認めること
7) 普遍性―すなわち，あらゆる人の共通性を学ぶこと
8) 希望の教示―すなわち，グループが大きな利益のあるものであり得ることを理解すること
9) 愛他主義―すなわち，他者の欲求を優先すること
10) 家族の再制定―すなわち，家族内での体験を引き立たせること
11) ガイダンス―すなわち，グループのメンバーから指示を得ること
12) 同一性―すなわち，グループ内によき助言者を発見すること

グループ治療の計画

　グループを成功させるには，セラピストは十分に計画を練らなければならない。これには，グループを作るための基礎となる主要なことを明細に示す手順を起草する，どのような参加者を含むのかを詳述する，選択過程を示す，規模，頻度，期間を見積もる，志願者を広く受け入れるのか，メンバーを変化させずに閉鎖的にするのかを決定または考慮する，フォローアップのためガイドラインを選出し，グループの効果を評価する，といった努力が求められる。この準備段階は恐らく，そのグループ体験が成功するかどうかの決定的な段階のひとつであろう（Corey, 1981）。ヤロムは凝集性（すなわち，適合性）がグループのメンバーの選択において鍵となる要素であると提言している（Yalom, 1970）。このように，メンバーを選択する際に，この種の経験から最も利益を得るであろう人は誰か，またメンバーに入れたらグループを分裂させるかもしれない人は誰かを，リーダーは知りたいと思うであろう。

誰をグループに入れるかは，明確な依頼目的によって決まる。グループが特殊な問題（例えば，アルコールや薬物）に焦点を合わせていて年齢の差異にこだわらないかもしれないし，あるいは特定の年齢に共通する問題（例えば，就学問題）に焦点を合わせていて同じ年齢のグルーピングが必須であるかもしれない。そのグループの焦点が多様な人からフィードバックを受けることである場合，できる限り多様なグループが適切であろう。セラピストは，参加者の性質もまたそのグループ構造の特性を左右するということを心に留めておかねばならない（Wadeson, 1980）。例えば，洞察志向型の参加者は，言語の上で制約されている人よりも，喜んで共有しようとする。またもっと特殊な例としては，自閉的な子どもを持つ母親のグループの関心は，自分たちの子どもの行動に関する問題に集まる傾向があるだろう。

　参加者を決めることとグループの大きさは，選択が行われる状況によって，そしてある程度はリーダーの経験によっても決まる。また，グループの人数には，どれだけ時間があるか，そしてグループのメンバー全員に注意が行き届くかどうかが多少なりとも関係する。例えば，セラピストは7歳の多動の少年たちを扱う場合，うつ状態の大人のグループよりも人数を少なくする必要があるとわかるであろう。多動の少年たちのグループは4〜6人が限度と思われるが，うつ状態の大人のグループは10人いるとよりうまく機能するであろう。もちろん，理想的なグループのメンバーは，言語で自分を表現したいと思っていてそれができる人たちであり，描画が導入される場合は図によるコミュニケーションが最も重要になる。

　グループミーティングの頻度も作られたグループのタイプ次第で決まる。一般的に，たいていのグループでは週1回が通常考えられる形態であるが，子どもや思春期のグループでは，頻度はより多く，時間はより短い方がよい。グループの期間は当初から明確にされるべきである。そうすれば，参加者にはその計画とグループ構造の焦点がはっきりわかるであろう。

グループ過程の諸段階

　すべてが決められた後，グループ体験を成功に導くためには準備と組織化が必須となる。これには参加者の期待，不安等の探求が必要であろう。グループの初期段階でこのような最初の組み立てを行わなければ，参加者の不安は増大するであろう。このグループの探求時において参加者の視点は，ルールに慣れること，他人の関心事を知ること，目標を具体化すること，そしてグループ内での落ち着ける場所を探すことに集中する。ほとんどの場合，この段階で彼らは限界をテストするための行動化を行うであろう。また，グループとしての同一性を求め，信頼関係を樹立するための基盤が置かれる時期でもある。後者

は，グループが過去に体験してきたような表面的な相互関係を得る方向に進んでしまっているならば，特に重要である。信頼関係が確立すると，グループのメンバー内から一層の凝集性が生じ，結果としてグループはより危険を冒し，フィードバックし，実験的になるであろう。

　あるグループが参加者個人に作用し，問題を処理し始める前にたいてい，かなりの防衛と抵抗の段階が起こる（Corey, 1981）。安心と安全への欲求と，自由で開かれていると感じたいという欲求の間の葛藤によって生み出されたこの両価性は，早期段階での多くの苦闘の原因となる。効果的なグループのリーダーは参加を促すために，メンバーの不安を認め，この状態を尊重しようとしなければならない。この経過段階中に現れ始めるもうひとつの意義ある出来事としては，支配とコントロールをめぐる葛藤によって特徴づけられるものがある（Schutz, 1961; Yalom, 1970）。この力関係の闘いは，否定的な意見，リーダーシップを握るための欺き，注目を集めるための競争，そして社会的序列の確立によって表されることが多い。この不調和の期間に，グループのリーダーもまた挑戦と批判を受けるかもしれない。リーダーにとってこの段階で最も重要なことは，適切な時期に介入すること，不安の認識と表現を援助すること，防衛的な構えを指摘できること，そして葛藤に対処することを参加者に教えることである。これを行うことによりリーダーは参加者が探求できるようにし，自立感を増大させる様々な方法でグループに影響を与える居心地のよい環境を彼らに与えるであろう。

　どのようなグループの実体も，重要な問題を解決しようとするグループのやる気と，行動変化を伴う著しい解決をもたらすグループが発見する道筋の中に見出される。問題点を探究するための独自の意思決定を促すために，リーダーによってグループに決定的な指示が与えられるのはこの時点である。これは，それぞれの参加者がグループの重要なメンバーとなり，同時にその人が同一性を維持するのを援助するためであり，それぞれの参加者のフィルターを通ることになるフィードバックを与えるためである。その後，参加者はすでに存在する自分の信頼の中に何を個人的に統合させるかを決めなければならない。この時，グループ自体が自らのリーダーになっていき，その焦点は生産性に置かれる。この期間，相互の受容と思いやりが存在する。また，探求後に変化が起こるであろうという希望と信念が存在し，行動の計画が見つかり，そして自己開示したいという気持ちと共に親密性が受容され，その結果として表現の自由が生じる時期でもある。グループが真に機能的である時，リーダーはリラックスして作業のほとんどをグループに任せることができる。

　どのようなグループでも最後の問題は，参加者個人がグループで得た新しい認識と行動を外の世界に一般化する能力を身につけることである。これは生じた経験を熟考し，まとめ，統合し，解釈する時である。この最終段階は，最高の自信を持って参加者全員に最後の印象を託すことになり，グループ体験の成功または失敗の評価において決定的となるで

あろう。もしも未解決の問題があったり，参加者がその環境で新しい能力を探求したがらないならば，失敗と失望という結果になることがほとんどと思われる。リーダーがこれらの終了の段階で積極的な役割を果たすことは非常に重要である。論議される話題には，1）分離と喪失をめぐる感情，2）どのようなことの達成についても参加者自身に責任があるということを思い出させるための助言，3）グループ外の重要な人と関わったり，その人を効果的に変化させるための準備，4）出会いから得る実際の利益の列挙，5）グループのメンバー全員（リーダーを含む）に最終のフィードバックを与え，また受けるための機会，6）未完成の課題を明確にすること，が含まれなければならない。リーダーにとってこの最終段階は，参加者に彼らの体験についての理解をより深めさせ，新たに学んだことの新しい環境への変換を促す形態を提供するという意味がある。

グループ治療への描画導入の利点

　グループへの描画導入には多くの理由がある。急性入院患者あるいは危機介入グループでは，心的外傷または入院を引き起こした出来事を確認するために描画を使用することができる。描画はまた，目標を確認し，明示されたその目標を達成するためにも用いられる。言語的な方法に図的な表現を加えることは，葛藤の認識を広げ，現実検討の歪みを減少させ，破壊的行動の統御を促すことができる。このように，治療セッションを言語的なものと図的なものに分離させることにより，言語的セッションの間に生じた問題と反応はアート作品に主題を与えるし，その逆のことも起こる（Cardone, Marengo & Calisch, 1982）。
　メンバーが自分たち自身を表現することに困難を示している時，グループでのコミュニケーションの手段として描画を用いることができる。この使用は自閉症の子どもを持つ母親らのために組織されたアートセラピーグループで実際に行われて成功し，証明されている（Stone, 1982）。描画は混乱した思考と感情を明確にする具体的な方法となる。完成した作品は自己価値と達成感を増大させ，自己尊重の基礎構築に役立つ。
　グループ形態に描画を使用することの最も重要な貢献はイメージの共有，すなわち，深い，個人的なレベルで知られているという感情であると思われる（Wadeson, 1980）。描画はまた，関連する具体的なポイントとして課題を提供することによって，グループに構成を与える。この方法で，描画は直接的に，そして参加者は間接的に焦点化され，解釈への怖れが軽減するのである。
　描画を使用するグループにおけるセラピストの役割は，伝統的な言語的グループにおける役割と同様に，生じた問題を熟考するか明らかにすることと，受容と理解の心理学的状況を保持することである。一般に，セラピストからの描画の教示は，あらゆるグループを始める場合とかなり似ているが，最初に提案と構成を提供しなければならない。描画教示

第5章　描画によるグループ治療

の導入は，まず隠された感情と葛藤を開示する比較的脅迫的でない方法を提供することによって，言語的コミュニケーションの発展を促す。描画を使用するグループにおける自己開示は，ほとんどの伝統的なグループにおける場合と同様に，まずセラピストとグループのメンバー間に個人的なものとして生じるが，セラピストは最終的にはグループのメンバー全員の間で自己開示をさせるように努める。

　グループ治療で描画を使用する場合，自発的な表現が強く奨励される。しかしながら，セラピストは破壊的でない行動，すなわち，描画材料を大切にすること，投げないこと（特に子どものグループにおいて），作品を壊さないこと（単独での描画で，治療的な価値がある場合を除く），などを求めなければならない。加えてセラピストは，使用した材料をセッション後にきれいにして元の場所に戻すことをメンバーに求めることで，責任ある行動を促さねばならない。このようにして，参加することと関わりを持つことが強調される。描画は，信頼や転移等を確立する方法として，セラピストが「安全な」場所に保管する。その後セラピストによる定期的な展示のため，また照会や検証のために，描画には日付とサインが入れられ，タイトルが付けられるのが普通である。

グループ体験を定義し，強めるための描画教示

　描画が使用されるグループ治療の形成期のセッション中には，定義可能な段階があることが多い。それらは以下の段階である。

　1）**グループの他のメンバーへの紹介と目標の明確化**　これは自画像を描かせたり，問題や解決策を表すシンボルを描かせたり，欠点や好き嫌いを示させたり，または「あなたの世界を満たしてください」という教示で円を描かせることで成し遂げられる。他の教示としては，「あなたがなぜここにいるのかを描いてください」または「あなたが変えたいと思っている何かを描いてください」が考えられる。

　2）**グループの他のメンバーとの共有**　これは，描き始めた描画をグループの中で回して，他のメンバーに完成させてもらうようにさせるものである。他には，壁に貼った1枚の大きな紙にグループで共同で描かせることも考えられる。この時点までに通常，グループはより強い凝集力を持つようになっており，セラピストはあまり指示をする必要がなくなっている。

　この「共有」段階の例としては，アーティストのグループによって描かれた1枚の描画を取り上げる。最初のセッションで彼らは，利き手のまわりをなぞり，それから「それを

塗りつぶし，切り取って，グループの他のメンバーの手と共に1枚の大きな紙の上にそれを置いてください」と求められた。はじめ，手はばらばらに，互いに離れた位置に置かれた。グループのリーダーが変化させるように皆を促すと，参加者たちは描いた手を動かして互いの手をより近づけて集めたが，そのことによって緊張感が著しく高まった。彼ら全員に覆いかぶさっている，作業空間を共有することに関する強い不安と抵抗は，極端に震えている線質と抑制の欠如に表れているようであった。そのプロジェクトが実施されている間のグループの行動もまた，メンバーたちが過度に笑ったり話したりしていたことからわかるように，不安を示していた。壁画には，グループのメンバーのうちの3人が皆とは別に外で作業をしたように，いくらかのためらいも表れていた。

3）描画を通じた参加者のグループでの役割の発見　描画の中の鍵となるある要素を見ることを通して，セラピストはグループの力動性を判定できることが多い。例えばセラピストは，高い頻度で目立つものを描く人（恐らく最も支配的なメンバー）は自分の描画の中で大きなもの，または中心に位置したものを描く傾向があると気づき，また比較的無力で引っ込み思案であるメンバーは紙の端にいたり，非常に小さなものを描くだけで終わる傾向があるとわかる。グループ構成の中でのリーダーは，そのグループが何を描くかを決めたり，グループ描画の過程で比較的多く指示を与えたりすることによる主張を通して，明らかになるのが普通である。グループを妨害しようとする人は，他のメンバーの描画を横切って描いたり汚したりする人であることが多いであろう。グループの各メンバーが異なる色のマーカーを使用すると，セラピストはそれを誰が描いたかを見分けやすい。セラピストはグループのメンバーに，グループでの自分自身をどのように見ているかを描かせたり，または2枚の別々の描画——1枚は自分自身をどのように見ているか，もう1枚は人が自分をどのようにイメージしているか——を描かせたりすることによって，彼らの役割に関する洞察を発展させることができる。

　図5-1と5-2は，グループのメンバーであるこの人物が自分自身を何か内気で，はっきりしないと見ているが，人からは怒っているように見られていると感じている様子を示している。

　グループの参加を促す描画のための別の教示としては，「あなたがグループの他のメンバーをどのように見ているかを描いてください」が考えられる。この教示はある意味でより危険を帯びており，グループのメンバーをより防衛的にさせるかもしれない。それ故，このテクニックはグループがよりお互いを支持し合うようになってきてから使用されるべきである。もちろん，グループの支持性はその過程を通して発達していくものであり，セラピストの介入と示唆により促進されるものである。この過程を強調するひとつの例は，

第5章　描画によるグループ治療

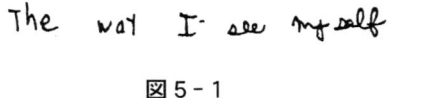

The way I see myself　　　the way others see me

　図5-1 　　　　　　　　　図5-2

　セラピストがメンバーに「問題を表すシンボルを描いてください」と教示することであろうが，この教示は描いたものをグループの他のメンバーに回して，彼ら自身の「支持」のシンボルを描き加えてもらうことと対になっている。描画についてのグループ討議は常にこの過程を通して促進される。定期的に，グループ内の自立機能を育てるために描画の主題の自由選択を認めることや，セラピストが触れていない可能性のある問題を表現させることも重要である。

　図5-3を見ると，1人の時，そして他者がいる時の自分自身をどのように見ているかがわかる。注目すべきことは，1人の時の方で彼が描画している自画像を描いていることである。この事例では，彼の作品は彼の防衛の方法であるのかもしれない。しかしながら，偶然にも描画は彼に適していたので，グループ場面で彼の自己尊重を高めるのに実際に役立った。描画はまた，より深く探求すべき他の仮説を示す。例えば，この少年は他の人々といる時，1人の時と比べてかなり役者やリーダーのようになっていたか，恐らく自分の役割を取り巻く期待をより強く確信していた，という仮説を立てることができる。

　描画はグループ体験の期間中，他のものと別に保管する必要があり，定期的に，例えば

図 5-3

　グループの終了時やグループのあるメンバーが去った時に，再検討される。これはグループまたは参加者に終了の区切りをもたらし，グループ過程で生じた変化を示す。この終わりの段階にふさわしい描画教示の例には，以下のものがある。

1) 別々の 3 枚の描画を描いてください—1 枚はグループ活動のはじめか，始まる前のあなた自身の描画，1 枚はグループ活動の間のあなた自身の描画，そして 1 枚は現在のあなた自身の描画です。
2) グループのメンバーの中の誰かを選んで，グループ活動のはじめと終わりのその人を描いてください。
3) あなたの人生の中で起こった，別の「去っていくこと」または「終わること」の記憶を描いてください。
4) このグループを去ることについてあなたが感じていることを描いてください。
5) あなたがこのグループから得たと感じているものを表すシンボルを描いてください。
6) このグループでの活動をやり終えての，あなたの将来の目標を描いてください。

第5章　描画によるグループ治療

図5-4

　図5-4の描画は，治療グループ体験を離れることに関する思春期の少年の気持ちを表している。描画を通して，彼は喪失と憂うつのテーマをめぐる自分の内的な混乱を明らかにしている。彼は同時に自分がいなくなっても寂しがってもらえないだろうというより深い怖れを描き加えようとしていた。彼の怒りと自己尊重の低さは，画面に満ちた言葉によってためらうことなく明らかにされていた。

問題のある参加者に用いられる描画教示

　グループ体験の間に，リーダーは様々な共通の問題のあるクライエントに直面するかもしれない。次の記述は，リーダーが出会う可能性のある問題のあるクライエントのタイプと，アート材料を利用する場合に用いることができる戦略のうちの一部に過ぎない。
　孤立しているクライエントに直面した場合は，1）グループをペアに分け，そして徐々に1枚の描画に関わる人数を増やす，2）グループのメンバーに他人といる時と1人でいる時にどのように感じるかを描かせることによって，態度を探求する，そして，3）描画を求めることから始めるが，はじめは言語的な共有を強要しない。

153

攻撃的で行動を起こすクライエントには，グループの参加者がアート活動を破壊することは許されないという基本的なルールを繰り返し言うことに価値があると，グループのリーダーはわかるであろう。描画はクライエントの重要な表現であり，保管すべきであることは，強調しておきたい。しかしながら，もしもあるクライエントが自分の描画を壊すならば，必要であればセラピストが，その断片をごみの中から拾い集めなければならない。それは自身自身の一部分（すなわち，自己表現）を（象徴的に）壊さないことや拒絶しないことの大切さを強調するためである。そのクライエントがセラピストを少しでも信頼するようになっているならば，その時点で解決することが有益であろう。この場合に理想的なのは，このクライエントがセラピストの教示に応えて自分の怒りのシンボルを描くか，自発的に表現に富む方法でそれをスクリブルすることができることであろう。より適切な方法で怒りを表現するのは「よいことだ」，ということが強調されるべきなのである。

　攻撃的なメンバーの感情爆発を和らげるものとして，他の参加者からのグループプレッシャーを用いることもできる。グループの支持は，セラピストがグループの全メンバーに自分の怒りのシンボルを描くよう求めることで，引き出されるであろう。怒っている人を部屋の外に出すのは最後の手段であり，その人が破壊的であり続けている場合にのみこの手段を用いる。グループのリーダーはどんな参加者にも，自分は怒っているために拒絶されている，と感じてほしくない。もしも怒りを示す参加者が，怒っていて挑戦的な，引っ込み思案の態度をとろうとするならば，その人はそうすることを許されるべきである。しかしながら，セラピストはその人の行動の解釈を試みるべきであり，かつグループの残りの人たちにその人の行動をどのように解釈するかについて描かせることを試みるべきである。もしもこの人が自分の怒りを象徴的に表現できないならば，また終始グループの発展を妨げているならば，その時初めてグループを去るよう求めるべきである。

　典型的な叫び（「どうやって描いてよいかわからない！」）に直面したら，セラピストはこれは絵画教室ではなく，参加者は作品によって判断されないこと，むしろどのような形態の自己表現も受け入れられることを示すのがよい。孤立しているクライエントのような，描くことを拒絶する参加者には恐らく，2人での共同作業が役立ち得るだろう。このようなクライエントは描くことに不安を持っていたり，挑戦的であったり，またはセラピストがより深く調べたいと思うであろう後退することへのかなりの怖れを持っていたりする可能性がある。このタイプの人によって創り出される力の闘争は，どのようなタイプのものも回避されるべきである。これらの問題を減少させようとする場合にも，いつものように，寛容で判断を下さない，支持的な環境が役立つのである。

　他の人が描画に集中しようとしているのに極端にしゃべる「不安になっている」参加者に対する場合は，話さないで描画を仕上げるように求めるのが有効であることが多い。参加者が（恐らく不安のために）「行き詰まりを感じ」始める場合はいつでも，自由画また

第5章　描画によるグループ治療

は非構成的で投影法的な描画（例えば，スクリブル技法）を導入すると，セラピストが参加者についての探求を続けるための情報を獲得するのに役立つであろう。グループのメンバー全員が時間内に作品を仕上げられないと思われる場合は，時間制限を設けた方がよい。早く終わらせようと急いでいる参加者のうちの1人を取り巻く力動性や，誰がグループを待たせたかということは，探求され，これからの解釈やフィードバックのために心に留められる。

異年齢グループに用いられる描画教示

　相互作用を促すために描画を使用するグループの構成において重要なもうひとつの事柄は，年齢の相違である。潜伏期の年齢（すなわち，6～9歳）の年少の子どもはしばしば，自分の描画に対する洞察力を持っておらず，仲間とどのように社会的に作業し，関係を持つかを学び始めたばかりである。これを念頭に置きながら担当者は，自然発生的にリーダーが生まれるようにするよりもむしろ，子どもたちと一緒に作業をしている中でリーダーを指名する必要がある。前者はもっと年長児のグループの場合により適しているであろう。年少であるこの期の子どものグループにおいてはまた，社会的相互作用を促し，教えるために，メンバーの指導的役割を交替させることが必要である。

　年少児のいるグループは，より構成的で課題遂行型でなければならない。描画中の行動や描画それ自体について，隠されているものがないか注意深く観察する。ここでの情報は治療目標を達成するために用いられる。例えば，セラピストは，衝動のコントロールに問題のある子どもが素早く描き，すぐに欲求不満になり，そしてごちゃごちゃした作品を仕上げるのを観察するだろう。セラピストはこのタイプの子どもに，はじめは簡単な課題の構成を与え，そしてコントロールの発達を促すために少しずつ複雑なものにしていくことができる（たいてい，完成した壁画を見るだけで，あるグループの中の衝動のコントロール力が乏しい年少児を見つけることができる。このタイプの子どもがグループを導いた場合，壁画は一層ごちゃごちゃになる傾向がある）。

　年少児は，家庭での両親間の問題，または親からの虐待や無視といった彼らが言葉で表現できない問題を図などで表現するかもしれない。この年齢のグループには，これらの困難から生じる怖れに対処するために描画を比喩的に用いることが役立つことが多い。例えば子どもが繰り返し怪物を描く場合に，セラピストはこのような怖れを認識することができる。この事例では，セラピストは怪物が侵入できない安全な場所を描くように子どもに提案するといった介入をし，この新たに発見した心地よさをめぐる気持ちを話し合うことができる。例えば，図5-5では，6歳の少年が「赤ちゃん怪獣」たちの上に火を吹きかけている大きな「お母さん怪獣」たちを繰り返し描いた。この描画はその子どもの母親と

図5-5

の関係を暗示している。セラピストが教示したので，その子どもは木の下に「赤ちゃん怪獣」が安全にいられる洞穴を描いた。

　思春期の子どもの場合，描画はより象徴的になり，内的葛藤の表現と明確化に用いられるため，グループはより洞察志向的になる。この年齢のグループで一般的に重要なこととして多い事項は，以下の事柄である。1）**同一性混乱／形成問題**；この問題において用いることができる教示は，「あなたは誰であるかを描いてください（例えば，好きなもの，嫌いなもの，長所，短所，感情面）」「あなたの仮面と，誰がその後ろにいるかを描いてください」「あなたの世界を描いてください」「あなたの目標を描いてください」「今後5年間の自分はどんなふうだと思いますか？」であろう。2）**性的同一性の問題**；この問題においては，男の子のみまたは女の子のみのグループにすると，彼らがこの性的同一性の問題について人目を気にしなくてよくなるので，役立つことが多い。そして，対人関係についての考察を促すために「理想的な」ボーイフレンドまたはガールフレンドを描くように教示することができる。3）**権威（反抗，怒り）／自立問題**；この問題の場合，セラピストは通常，より「自由な」描画をグループに促す。

　図5-6は17歳の少年の描画で，自分が5年のうちに刑務所に入るだろうという空想を描いたものである。この時，彼はひどいうつ状態であった。グループの他のメンバーは彼とこの悲観的な見方を共有し，その結果重要な話し合いが起こり，この若者は自分の将来

第5章　描画によるグループ治療

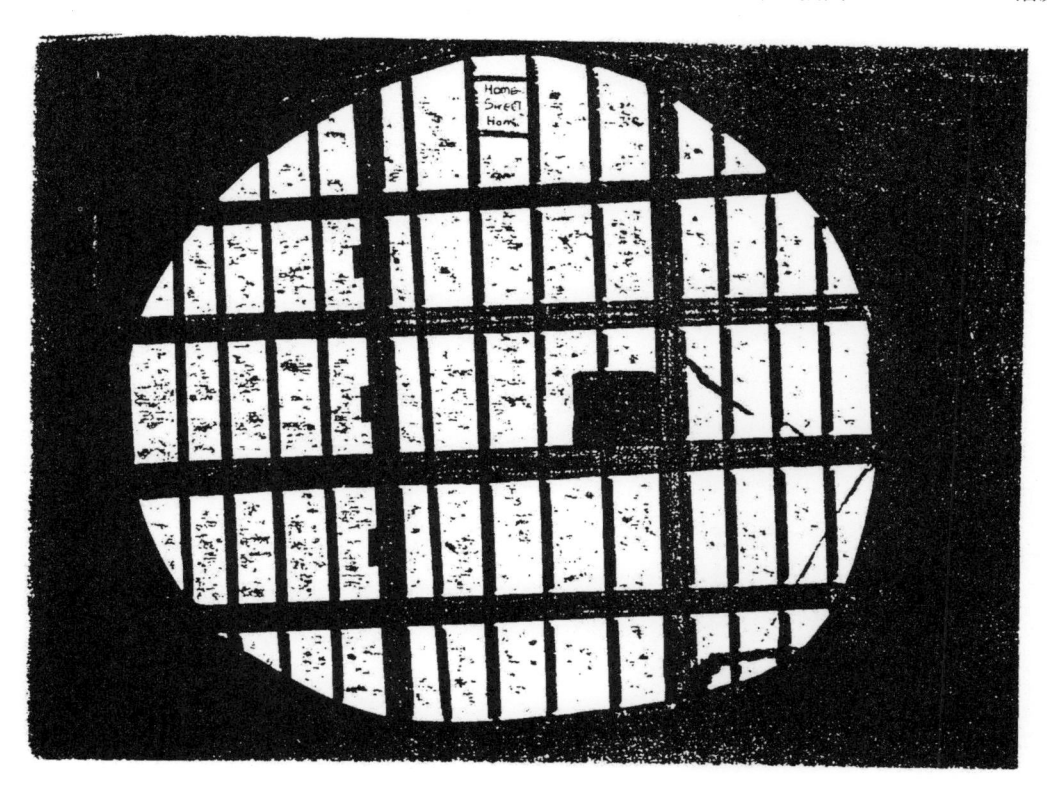

図5-6

をより希望的に捉えられるようになった。

　図5-7では，セラピストがグループに自分の仮面を描くように教示した後の，16歳の少年による自分の仮面の描写が観察できる。彼が自分自身を複数の仮面――「幸福さん」「バカ者」「かっこいい奴」――を身につけていると見ていることは注目すべきであった。このことは，自分の目的に合う状況にある時にどのようにふるまうかを知っている，かなり巧みにふるまう若者を一般に示唆している。

　一般的に言って，高齢のクライエントは他の年齢のグループに比べ，描画によって自分自身を表現することに抵抗を示す。これは一部には，彼らが描画をするのは久しぶりであることが多いことと，描画を「幼稚」と感じている可能性があることによる。この抵抗は励ましによって打ちくずすことができるが，高齢のクライエントは変化に対して心を開かない可能性もある。セラピストは人生を回想する過程を支えるために，追憶（よいものと悪いものの両方）を描くことを高齢のクライエントに求めてもよい（Landgarten, 1981）。しばしばこのようなクライエントの同一性は，過去を思い出し，それを図的に記録していくことにより強められる。

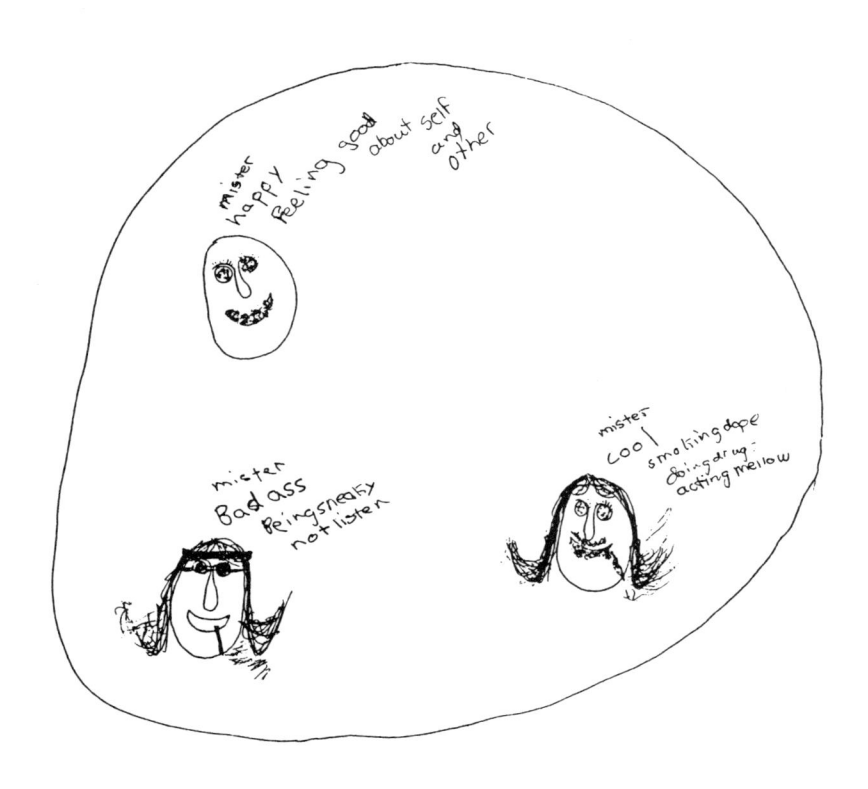

図5-7

　図5-8は，80歳の女性が描いた子どもの時の家庭のスケッチである。この描画の震える線質は，非常に明らかであった，この女性の緩慢なジスキネジア症状の徴候であろう。この描画に見られるように，この女性はよく赤色を使用したが，それは多分彼女が経験してきた怒りを示唆していた。彼女は入院し続けなければならないことに対する自分の怒りを表すために何度もグループを活用した。この描画を完成させる間，彼女は幼少期の家庭でのたくさんの思い出を話した。この開かれた話し合いはグループの他のメンバーを刺激し，彼らも回想を共有した。

　セラピストは高齢のクライエントに，スクリブルのような自由度の高い表現を刺激する傾向のある描画を求めてもよい。セラピストは年をとることに伴うフラストレーション（例えば，他人に頼っていること）を表現しやすいような描画を求めることもできる。高齢のクライエントにとって描くことは様々な努力を必要とするので，人に見せるために描画を行うというように，やりがいのある成就性を強調すべきである。セラピストは参加者たちに，自分の描画を額に入れて彼ら自身のショーの中で展示するようにさせてもよい。

　高齢のクライエントの場合，描画に使用する媒体を考慮することは重要である。手指の器用さが制限される可能性がある（例えば，関節炎のある高齢者は鉛筆で圧をかけること

第 5 章　描画によるグループ治療

図 5-8

が困難かもしれない）；それ故，紙に描きやすい油性のパステルかフェルトペンを使用した方がよいであろう（Landgarten, 1981）。

事例の紹介

次の事例の紹介は，サイコロジストにより導かれ，後にアートセラピストが介入した，外来の成人の心理療法グループに描画を取り入れた様子を説明したものである。描画が話し合いの触媒として使用される時，各セッションの時間は1時間15分から1時間45分の間に設定された。教示がなされてから描画を描き上げるまでに約30分かかったが，完成した時に互いの描画に反応し合い，話し合うための時間として十分であった。余った時間は描画材料をきれいにして片付けるために使われた。

グループは，よく教育を受けて洗練され，概して人生に対して創造的であった，30〜40歳の6人のメンバーから成っていた。このグループで扱われた中心的な治療的事柄は，各人の人間関係と職業上の問題に関するものであった。すべてのメンバーに，繰り返されるうつと不安の症状の経験もあった。

次の例は，この章で略述してきたグループ過程に関する適切な段階のいくつかを示したものである。

1．導入の描画

リンは「平和と静穏」のために避難した山中の小屋を描いた（図5-9）。その描画の線質は，彼がそのグループの初期の段階で経験していた高いレベルの不安を明らかに示していた。この描画のために選ばれた主題もまた，ストレスに対処する手段として人との接触から引き込もる彼の傾向を暗示するものであった。それに続いてリンは，長期間にわたってアルコールの乱用があり，そのために時々何週間も自分のアパートに閉じこもることをグループのメンバーに明かした。

ジムは彼が世界を知覚している方法で描いたが，それは「2フィート離れたところから見た，そして少なくとも混乱した」世界であった。彼はグループに，彼にとってのこの人間関係のスタイルを続けている期間が「ひどく長すぎる」と述べた。この描画は半分に分けられている（図5-10参照）。上部は彼が未来を表そうとした部分であり，下部は過去を描いた部分で，描画は重度の感情障害（すなわち，過去に統合失調症と診断された）によって構成されていた。セラピストたちにとって，ジムが過去に自殺企図のために数回入

図5-9

第 5 章　描画によるグループ治療

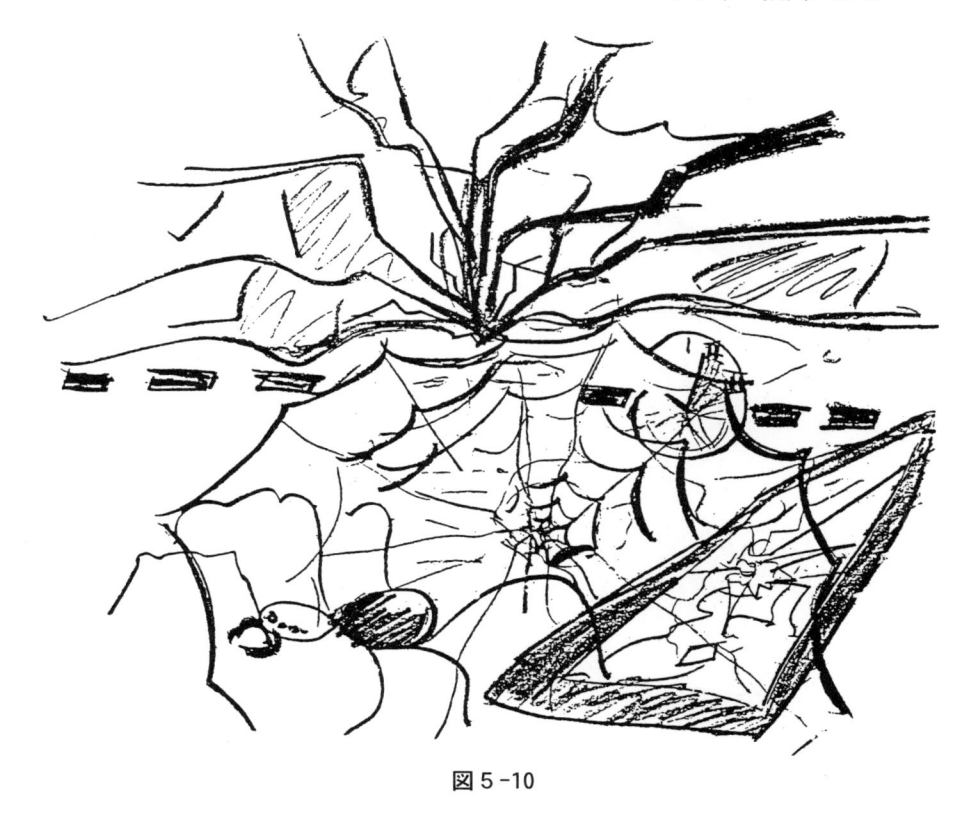

図 5 -10

院させられていたことを知ったことは，重要なことであった。この情報は，描画の中の分裂質が境界線級の依存の可能性を表しているという仮説に対する信頼を裏付けたが，自殺の素振りはその重要で明確な特徴と言えるものである。彼の描画に色がないという観察もまた，隠れたうつがあることを示唆していた。ジムが自分自身の描画の中の混乱を認識できたという事実は，彼がグループの初期の段階の間，比較的よく状況を把握していたことを示すものであった。

　図 5 -11で，ハンクは，車輪が 1 つの乗り物が，材木（woods）をすくい上げているところを描き，「今や我々の不満の冬は，このヨークの農夫によって，素晴らしい夏を生む（Now is the winter of our discontent made glorious summer by this son of york）」と記した。（訳者注：本文では by this sun of ours となっているが，本書は描画中の表記に従った。また，材木とは，描画中の言葉の列を，視覚的に材木ととらえたものと思われる。）この描画で彼は自分自身を，混乱した方向感覚を伴う知識を積んだ乗り物として表しているようであった。実際，どちらの方向に乗り物が進んでいるかを決めることは困難で，また一方を引きずっているようにも見えた。端が口の形に開いているが，それはしばしば依存的な葛藤を示すものであると考えられる。この描画にはまた，疑問符

161

図 5 -11

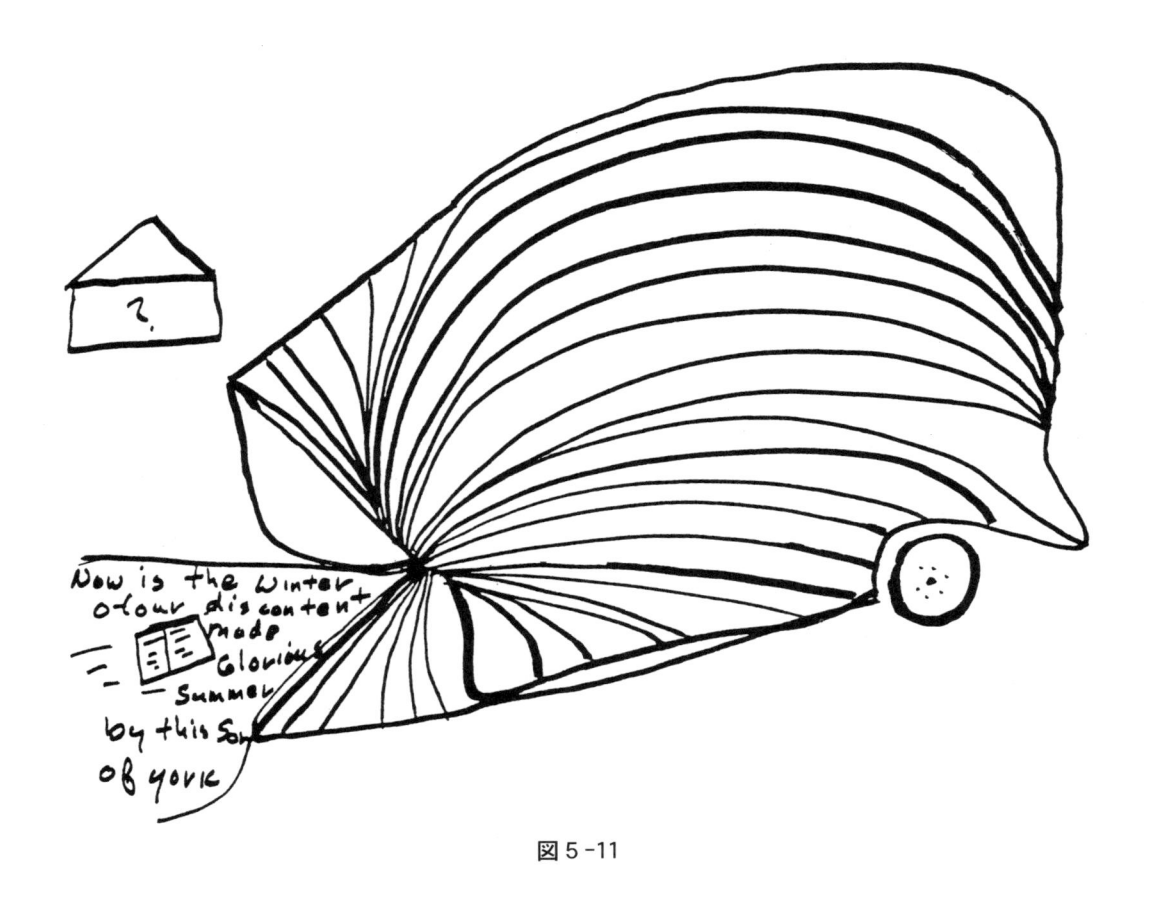

付きの 1 軒の家が片すみに描かれており，それは妻との関係に関する彼の懸念を表しているようであった。2 つの物の大きさの違いは，彼がそれぞれの問題領域に与えていた重要度の違いを示していたのであろう。

2．問題と目標の確認のための描画

　グループのメンバーの長所と短所を確認するためにグループ過程の一部として与えられた教示は，最も「一緒にいる（together）」時間と「一緒にいない（untogether）」時間を描くように求めるものであった。次の例はこの介入法を行った結果として生まれた作品である。

　セッションの間に，ルイスは彼女の最も「一緒にいない」時間を，外に向かって爆発する線を付けた怒りの人物として描いた（図 5 -12 参照）。この描画は昔のボーイフレンドとの別離を表していると思われた。彼女の最も「一緒にいる」時間は，マンダラの形に包まれた「怒っていない」人物として示された（図 5 -13 参照）。これらの描画を別々に見てみると，彼女は最も困っている時でさえもまだ，人物の背後のダイヤモンド型の中に自分の

第5章　描画によるグループ治療

怒りを入れてしまうことができたということがわかる。グループは，彼女が自分の真の感情を十分に表現するのを差し控える傾向を持っているため，感情を完全にコントロールする彼女の能力（これらの絵に示されているような）が，しばしば彼女にとって問題となっていることを示唆した。

　グループのこの段階で与えられたもうひとつの教示は，メンバーに自分の最も大きな

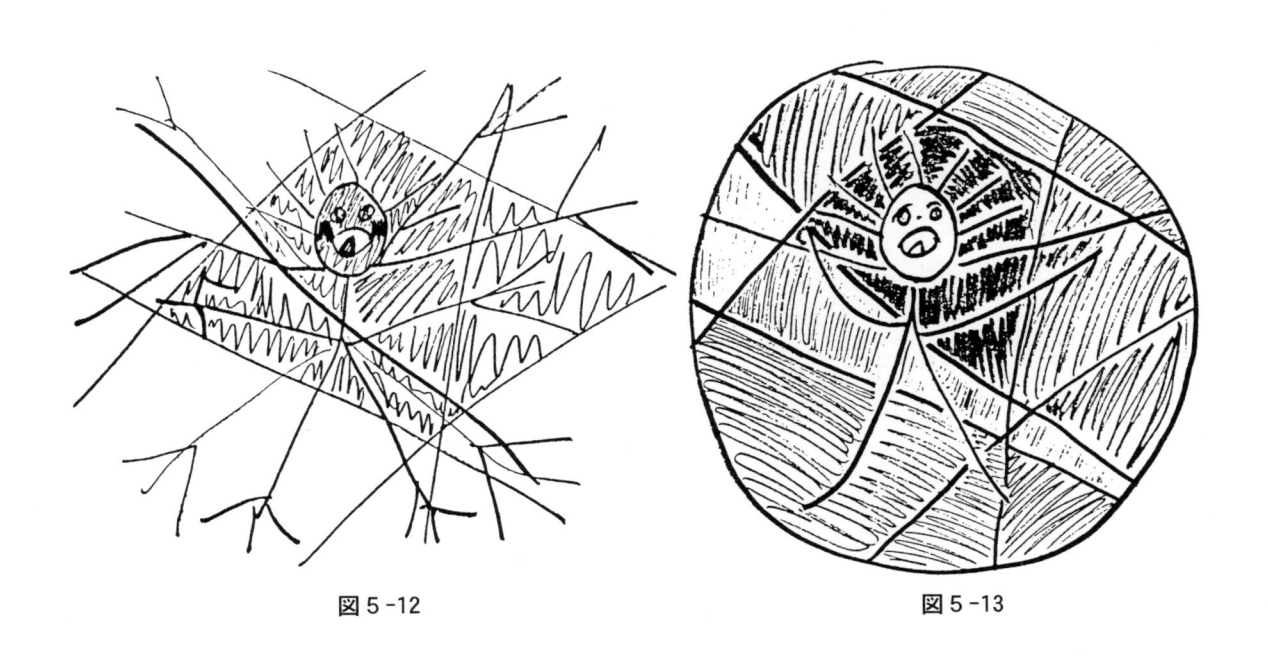

図 5-12　　　　　　　　　　　　　　図 5-13

図 5-14

「問題」または「感情」を描くことを求めるものであった。これらの描画は，各メンバーの中心的な隠された葛藤を明らかにする傾向があった。例えば，ハンクは最も大きな問題を，出っ張りの上に立っている強い男性が，彼がトランポリンであると説明している口のような形の中に別の（自分より弱い）男性を突き押しているように描いた（図5-14参照）。

そのトランポリンはハンクにとって，あらゆる感情的な退歩から回復する（または，後ろへはね上がる）彼の能力を表していると思われた。しかしながらグループは，トランポリンが彼にそれほどコントロールを与えていないことを示唆した。ここで再び，彼は言葉では「後ろへはね上がる」という積極的な態度を示すことによってその感情を控え目に表現しようとしていたが，その描画は彼には根本的にコントロールの欠如があるという具体的な証拠を見せている。

ハンクはまた描画の中に，「権威ある地位にいるやつらはバカだ（People in positions of authority are dumb）」を書き込んだ。彼に明確な同一性感覚が欠如していたことは，この目鼻のない人物たちから明らかであった；そしてこれらの人物は，彼の現在の無力感と仕事を解雇された後の怒りも明らかにしていた。

グループのもう1人のメンバーであるナディアは，この教示を受けてその時の「最も大きな感情」を苦心して描いたが，それは「取り乱した（distraught）」と題された，絶壁の上にたたずむ彼女自身の肖像によって例証されていた（図5-15参照）。このような描画

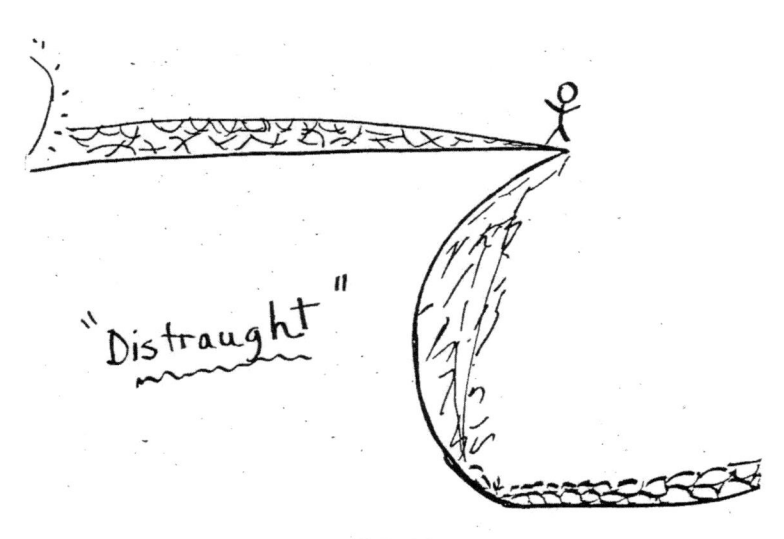

図5-15

第5章　描画によるグループ治療

の場合，臨床家は自殺企図を警戒し，そのクライエントが自傷する怖れがあるほどのうつ状態であるかどうかを調べる必要がある。

　グループに与えられたもうひとつの描画教示は，メンバーたちに自分の問題点に関して「問題と解決策」または「過去と未来」のどちらかを描くように提案するものであったが，それは彼らの問題領域，葛藤，そして目標を明確にするためのフォーマットをメンバーに提供するものであった。

　ジムのこの「問題と解決策」の描画は，彫刻のスケッチの中に統合されている（図5-16参照）。その描画の基部内には疑問符を伴った自己像が示されているが，それは彼の中の混乱状態を強調していた。ドル記号の入っている円柱は，象徴的に解決策を表現する彼の試みであった。てっぺんのボール型のものは，彼が最終的に望んでいた「ライフスタイル」を表していた。彼はこの描画に基部のシンボルを，そして彼が円柱にたどり着くのを比喩的に助ける両側の階段を，描き加えた。全体的に見て対称性のある描画で，それは統合されたパーソナリティの徴候であると思われた。しかし円柱のてっぺんは到達不可能であるように見え，そのことは多分彼の隠された不能感を明らかにしていた。

　リンが「過去と未来」を描こうと試みた描画では，彼は過去を単一方向的に示したが，それは彼にとって不満足で適応できないものであるようだった（図5-17参照）。彼は自分の人生のすべての側面に対処しながらあらゆる方に向かっている未来を描いたが，それは彼にとってとても満足できる状態のものであった。この形は怒りが存在する可能性を示唆

図5-16

165

図 5-17

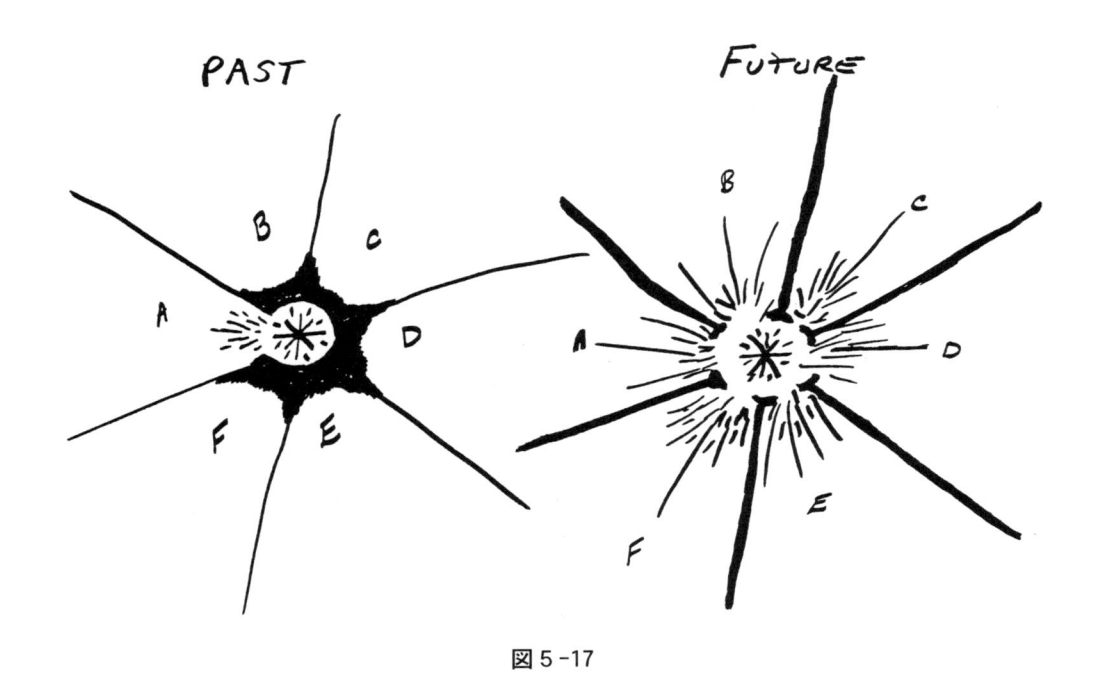

する爆発の出現を示し，アートセラピストはグループが作品を見せ合った時，その怒りの領域を調べた。

3．相互作用の促進と凝集力の構築のための描画

　グループのメンバー間で描画を分担することは，一般にグループの凝集力を構築するのに有用であった（図 5-18 参照）。それぞれのメンバーが描画を描き始め，それをグループの他のメンバーに渡して補足してもらうというやり方で進めた。そのやり方ではじめの人に描画が戻った時に，そこで初めてタイトルが付けられる。このような「回し」描画では，グループの各メンバーが区別のために異なる色を用いることが重要である。ここで見られる描画は，この過程の代表的なものである。この描画に付けられたタイトルはグループのメンバーたちを，サイコロジストであるリーダーが休暇のために彼らを置き去りにしたという彼らの気持ちに向き合わせた。描画を見せ合った時，彼らは描画を求めたアートセラピストであるリーダーと共に取り残されることが特に不安であることを明らかにした。これは新しい，まだ親しみのないセラピストに，描画の中で知らず知らずに自分たち自身を明らかにしすぎることへの彼らの怖れについての，非常に有意義な話し合いにつながるものとなった。

第5章　描画によるグループ治療

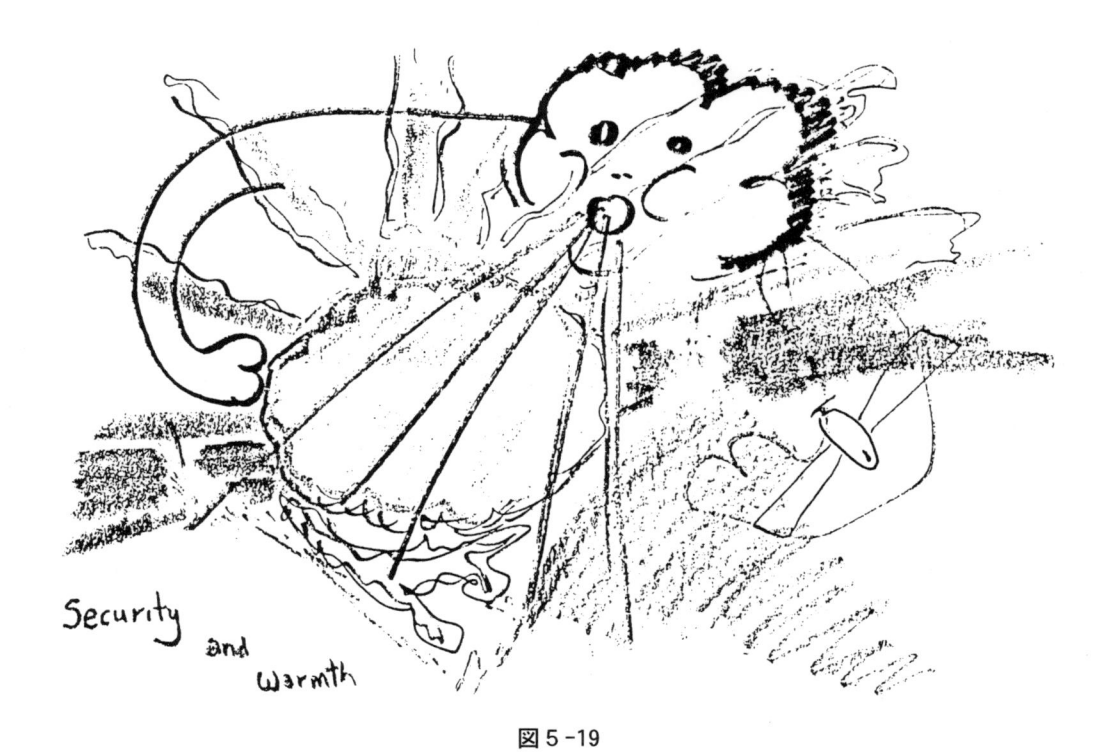

図5-18

図5-19

しかしながら，分担して描画を描く試みは，このグループの支持能力を描写するものであった（図5-19参照）。この描画を描き始めたナディアは，自分の悲しみの感情を表す雲を描いた。続いて，グループの他のメンバーたちが雲の後ろから出てくる太陽，親しげな飛行機，「両腕で保護していて，雲を吹き飛ばして壊そうとしている」風を次々と描き加えた。最初の描き手のナディアはこの描画に「安全と暖かさ（security and warmth）」というタイトルを付けて，この支持を受け入れた。（このメンバーが，この描画を描く前は孤立し引っ込み思案であったということは重要であるので，ここに述べておく。）

結　語

　このグループは，断続的な中断はあったが，さらに1年間続いた。グループの各メンバーは，このグループが始まる前には経験していなかった親密感と安心感を得た。この治療的支持により各メンバーは，より大きな方向性と目的性を持ってそれぞれの人生にアプローチすることができた。

　メンバーたちは自分たちの描画を効果的に活用することで特定の問題領域に焦点を合わせ，自分たちの前進を具体的な記録として残すことができた。描画は数々のユニークな思い出や連想を刺激し，そのグループが終結する頃には描画は豊かになった。描画はこのような多くの人たちのために，彼らが以前に言語化しようとして苦しんだ極めて感情的な問題と向き合い，それに立ち向かうための土台を提供したのであった。描画というのは，このような感情的な重荷である問題を前面に押し出すために，治療的な援助を与えることができるのである。

補　遺

注釈付き書籍解題

Bolander, K. *Assessing personality through tree drawings.*（樹木画を通してのパーソナリティの評価）New York: Basic Books, 1977.

　この本は投影法，ことに樹木画を真剣に勉強する学生向けのものである。本書には他のスコアリング・システムとの示唆に富む比較はもちろん，ボランダーの解釈法の起源と発展の全歴史が含まれている。また本書は，位置，大きさ，方向，タイプ，部分，地面，節穴といった各側面を含めて，樹木画における各部位とそれらの可能な解釈を論述している。事例が紹介され樹木画が再掲されており，著者の展望に役立っている。

Betensky, M. *Self-discovery through self-expression.*（自己表現による自己発見）Springfield, IL: Charles C Thomas, 1973.

　概して，このテキストは心理学，アートセラピー，社会学，人類学から引用した内容を持ち，それが広い視野と理論的方向づけになっている。その第1部は，児童と青年期の人に用いたアートセラピー10事例の研究を取り上げている。第2部では，自己表現，色彩の使用，アートと遊びの役割，そして転移の問題を引き出すために使用したアートを含めて，様々なアートセラピー要因を取り上げたエッセイを挙げている。

DiLeo, J.H. *Interpreting children's drawings.*（児童画の解釈）New York: Brunner/Mazel, 1983.

　この本は，ディレオ博士が本書以前に刊行した"*Children's Drawings as Diagnostic Aids*（診断補助としての児童画）"の続編である。著者は自験事例を多く取り上げて抵抗や発達レベルに関する多くの質問に対する回答を試みている。その他本書に取り上げられている資料には，性の役割の変化，家族病理，ラテラリティに関するトピックスが含まれている。

Feder, E., & Feder, F. *The expressive arts therapies: Art, music and dance as psychotherapy.*（感情表現的なアートセラピー：心理療法としての絵，音楽，ダンス）Englewood Cliffs, NJ: Prentice-Hall, 1981.

　本書は，主要な手法としてアートを使用する治療の基礎をなす，様々な理論モデルを概観し統合している。著者らはこのようなタイプのセラピストがどのように自己の臨床技能や道具をそれぞれのクライエントに用いているかの説明に，その診断と治療の過程を混ぜ合わせている。多くの事例を紹介し説明を加える中で，著者らは感情表現的な治療を行うセラピストが実際に行っていることを生き生きと記述しようとしている。

Fleshman, B., & Fryrear, J.L. *The arts in therapy.*（治療におけるアート）Chicago: Nelson-Hall, 1981.

　本書は治療におけるアートを概観している。一般的な背景を述べた後，サイコドラマ，音楽，絵画，ムーブメント，ドラマ，詩や物語を作ること，写真と映画の形態を詳述している。本書は精神保健専門家のうちでも，創造的媒体物の可能性やそれらを使うことに親しくない臨床家のための，優れた入門書である。

Gardner, H. *Artful scribbles: The significance of children's drawings.*（アートに満ちたスクリブル：児童画の意味）New York: Basic Books, 1980.

　ガードナーは児童の発達を彼らのアート作品を通して観察している。彼の理論的展望は，発達期の児童についてのそれ以前の多くの考えへの挑戦である。そして彼はこの刺激的な本の中で美的過程とアート作品の両方について考察している。

Hammer, E. (Ed.) *The clinical application of projective drawings.*（投影画法の臨床的適用）Springfield, IL: Charles C Thomas, 1958.

　本書は描画技法では開拓的な本である。ハマー博士による類い稀なこの１冊の本は，この時代の先導役となった。本書は診断する人の道具として有用な様々な描画手続につい

て論述している。D-A-PとH-T-Pの理論と臨床から得た多くの描画は，本書をこの分野に対する古典的貢献にしている。

Kellogg, R. *Analyzing children's art.*（児童画の分析）Palo Alto, CA: Mayfield, 1970.

　本書は描画を通して起こる児童の精神発達を論述している。そこには幼児が描いたたくさんの絵が収集され目録にされており，著者の素晴らしい研究の一端を示すものである。8歳までの児童の絵の分析を通して，彼女の本書以前の論文"*What Children Scribble and Why*（子どもは何をスクリブルし，なぜそうするのか）"をさらに発展させたものである。（邦訳，深田尚彦訳『児童画の発達過程』黎明書房）

Koppitz, E.M. *Psychological evaluation of children's human figure drawings.*（児童の人物画に関する心理学的評価）New York: Grune & Stratton, 1968.

　この古典的テキストの中でコピッツは，精神的成熟の発達テストとして，また潜在的な欲求と葛藤の投影テストとして，5歳から12歳の児童の人物画を示して分析とスコアリングを行っている。彼は公立学校の1,800人以上の児童から絵を収集し，それらを標準化した後，上記の2つのアプローチのためのスコアリング・システムを開発した。また本書の各章では，家族画の使用および学業レディネスの測定と脳外傷の診断のための人物画の使用についても触れられている。

Kramer, E. *Art as therapy with children.*（子どもの治療としての絵画）New York: Schocken Books, 1971.

　本書の中心点は治療としての絵画の使用に置かれている（単なる心理療法的な体験の範囲内での道具とは見ていない）。そこでは両価性，同一性，葛藤，攻撃，防衛，昇華といった課題が強調されている。アートセラピーの開拓者の1人による本書の大部分は，臨床から得た絵と長い事例史によるものである。（邦訳，徳田良仁・加藤孝正訳『心身障害児の絵画療法』黎明書房）

Kwiatkowska, H.Y. *Family therapy and evaluation through art.*（アートを通しての家族療法）Springfield, IL: Charles C Thomas, 1978.

　本書は，治療中の家族に用いられた絵や造形媒体による特殊なコミュニケーションについて論述している。彼女はヒステリーの家族と統合失調症の家族の例を通して，家族絵画評価の先駆的な業績を示している。また彼女は，研究の道具として用いられた家族絵画技法も提示し，家族絵画療法が補助的に使用された場合と治療の中で主要な形態として使用

された場合の相違を示した。

Landgarten, H.B. *Clinical art therapy: A comprehensive guide.*（臨床アートセラピー：一般的案内として）New York: Brunner/Mazel, 1981.

　このタイトル通り，本書は臨床アートセラピーの習得のための完璧なテキストと，それに関する参考資料を提供しようとするものである。本書は多くの実際向けのガイドラインを含んでいるし，異なる臨床場面において様々な媒体を用いる場合に役立つアドバイスを与えている。本書は多くの説明を重ねながら，家族絵画による心理療法，潜伏期の児童，青年期や成人期の人たち，そして高齢者，さらに慢性の痛みのリハビリテーションと治療の各側面について考察している。

Lyddiatt, E.M. *Spontaneous painting and modeling: A practical approach to therapy.*（自発的な絵と造形：治療への実際的アプローチ）New York: St.Martin's Press, 1971.

　本書は精神科病院においてアート・プログラムを実施する上での実用書であり，自発的に絵を描き粘土で造形することによる昇華過程が強調されている。それは著者の数多くの精神障害者との体験に基づいており，その論拠はC.G.ユングの理論と教えに根差している。本書は，精神障害者個人と接する日常業務の基礎としてユングの概念を用いた場合にどのようなことが起こるのかを，日常的な用語で示している。

Maynard, F. *Guiding your child to a more creative life.*（あなたの子どもをもっと創造的な生活へ）New York: Doubleday, 1973.

　補遺に掲載している他書とは違って，本書は主に両親向けに書かれたものである。一般の市場向けであるとはいえ，アートの媒体を使用するための提案と「レシピ」は，心身の保健専門家にも基本的に適用可能である。本書はそれ以外にも，子どもとのアート利用に際しての多くの「ハウトゥー」手引きの参考資料を含んでいる。

Oaklander, V. *Windows to our children: A gestalt therapy approach to children and adolescents.*（我々の子どもたちへの窓：児童・青年期へのゲシュタルト療法的アプローチ）Moab, UT: Real People Press, 1978.

　本書には子どもと関わるオーランダー博士の個人的経験が記述されており，子どもたちが自分自身について語っているところが提示されている。そして，博士の理論的枠組の中での様々な技法の使用について書かれている。「描画と空想」「物語を作ること，詩を作ることとあやつり人形」「感覚体験」，そして「特定の問題行動」といった章があり，好奇心

を強く刺激する実際的な内容を持った本となっている。

Paras Kevas, C. *A structural approach to art therapy methods.* （アートセラピー法への構造的アプローチ） Elmsford, NY: Collegium, 1979.

　本書はアートセラピー分野への基本的入門書として書かれた。それはアートセラピーの定義づけに始まり，次にこの分野内での4つの理論的見地を取り上げている。また，訓練としてのアートセラピーとアート教育を区別することも試みている。本書の最終部分はグループにおけるアートの使用を取り上げ，多くの実際的な示唆を与えている。

Robbins, A., & Sibley, L.B. *Creative art therapy.* （創造的アートセラピー） New York: Brunner/Mazel, 1976.

　本書は各種アートセラピーのアプローチについて詳細に述べた入門テキストである。そこではアートセラピストの訓練の必要性が強調されている。それは，アートセラピストがファシリテーターとして，同時に臨床面接者として機能するためである。本書で考察されている課題は，自我の発達，クライエントの尊重，創造的成長，作品の意味，伝達情報などである。また様々な状況における事例研究が提示されている。

Silver, R. *Developing cognitive and creative skills through art.* （アートを通して認識技能と創造技能を発達させる） Baltimore: University Park Press, 1978.

　本書は，障害のある児童に働きかける際に使用可能な様々なプログラムと手法を詳述している。ここで強調されているのは，コミュニケーション障害，学習障害，聴覚障害による制限のある児童へのこれらの道具の使用である。また本書は，評価へのアートの使用を取り上げており，また絵やその他の媒体の例を通したアート技能の発達を説明している。

Wadeson, H. *Art psychotherapy.* （アートによる心理療法） New York: John Wiley & Sons, 1980.

　本書は最も信頼のおけるテキストであるが，読者にアートセラピーの歴史，理論，基礎の項を示すことを試みている。また，気分障害，統合失調症，ノイローゼ，依存症の評価と治療にアートセラピーをどのように用いることができるかも取り上げている。また，グループ絵画療法と家族絵画療法の章が用意されているし，この分野を探究していく時に起こってくる諸問題についても吟味している。そして，絵の一般的な主題を提供したり，アイデアを発想しやすくしたり，家族やグループの練習を打ち解けさせるための有用な技法が，補遺として取り上げられており，このことが本書を完璧なものにしている。

有用なジャーナル

***Art Therapy*. American Art Therapy Association, Mundelein, IL.**
　年4回発行されるこのジャーナルは，米国アートセラピー学会の公認誌である。これはアートセラピー過程，それに関連する理論，そして専門的な課題に関する主要な論文を掲載している。また，読者のコメント，仕事に関する告知板，最近の書物や論文についての文献レビューを購読者に提供している。

***The American Journal of Art Therapy*. Vermont College of Norwich University, Montpelier, VT.**
　オリジナルは"*Bulletin of Art Therapy*"。アートセラピージャーナルとしては最も古いものである。アート教育，リハビリテーション，そして心理療法を専らとしている。

***Journal of the National Art Education Association*. Reston, VA.**
　本誌は隔月で発行されるジャーナルであるが，国立アート教育協会の公式文書である。読者にアート教育に関する様々な記事を提供している。

***The Arts in Psychotherapy: An International Journal*. Fayetteville, N.Y.**
　このジャーナルは年4回発行されており，心身の保健と教育訓練に従事している人向けのものである。その国際的視点は，診断と治療の実践における絵画，ダンス，ドラマ，音楽，詩の使用に向けられている。

監訳者あとがき

　本書は，サイコロジストであるオスター博士とアートセラピストであるゴウルドによる *Using Drawings in Assessment and Therapy: A Guide for Mental Health Professionals*（Gerald D. Oster & Patricia Gould, Brunner/Mazel, New York, 1987）の全訳である。我々は精神的な問題をかかえている幼児，思春期・青年期の人たち，成人，そして高齢者に日頃数多く接する。その人たちは親子の間で，仲間との間で，職場の中で，そして広く社会の中で，様々な問題に直面し，独りで悩みを解消できる時もあれば，ピアカウンセリングのように仲間により癒されることもある。多くの人に接し，癒されもするが，多くのストレスの中で心身に不調をきたすことも出てくる。

　幼少期からチック，緘黙，神経過敏が生じることもあれば，思春期になり不登校，家庭内暴力，非行，あるいは神経症的な症状を呈する場合もある。青年期には統合失調症をはじめ精神障害も浮上してくる。うつ病は従来40歳頃からとされてきたが，今や低年齢化し，子どもにも増えてきていると報道される昨今である。また，高齢者の長寿は喜ばしいことではあるが，核家族時代にあって孤独な状況に置かれやすい。しばしば高齢に伴い身体の障害を持つことはいたしかたないが，精神に関する認知症などの障害も避けては通れない。

　ところで精神的問題は，相談室でのカウンセリング，精神科外来での専門的診断と治療，重篤な場合や緊急時の精神科病院への入院など，近年その窓口は多くなり，比較的早期に対応できる時代になった。しかしこれまでの面接や相談では，その大部分は言葉を媒体としてのコミュニケーションの上に成立してきた。クライエントと言われる人たちと接

すると，たしかに言葉は的確にその人の心情を伝えるということが多くの場合言えるが，緘黙の子どもをはじめうつ傾向の人，言葉による表現の不得意な人，神経症や精神病等でうまく言葉による表現ができない人など，心理診断や心理治療をする場合に非言語的な関わり方をしなくてはならないクライエントは数多くいる。著者らも述べているように，非言語的な関わりを持つことによって，これらの人も含めた多様なクライエントについて多くの有意義な資料を与えてくれるアートは，言葉とは別の意味で重要な媒体と言えるであろう。もちろん，このアートは言葉の不足しているクライエントに限らず，言語表現のできるクライエントにも広く有効である。

本書はアートの中でも絵や描画という心理臨床やアートセラピーにおいて使用頻度の高い補助具を取り上げ，診断や治療におけるそれらの意義のある活用を示してくれている。絵や描画は空想，怖れ，願望，その他の感情表現の伝達手段としてだけでなく，葛藤や衝動を処理し改善するものとして，またクライエントの今後の状態を指し示すものとしてなど，多くの活用が可能である。

我が国では，日本描画テスト・描画療法学会と日本芸術療法学会がアートを媒体とした診断や治療に取り組んでおり，その発表は毎年多く行われている。日本描画テスト・描画療法学会では絵や描画がその中心であるが，日本芸術療法学会ではアートとして絵や描画以外に，粘土，彫刻，詩歌などにも及び，その業績は臨床に従事する精神科医，臨床心理士，作業療法士などに大きく貢献している。両学会とも長年にわたり相談機関，精神科クリニック，精神科病院のこれら精神医療専門家に大きな刺激とその成果を与えてきたと言えるが，本書に見られるアートセラピストという資格は，我が国では，日本芸術療法学会でその認定が始まったばかりである。

近年，全国の医療機関，相談機関をはじめ老人保健施設やデイサービスセンターなどで，多数アートを媒体にした診断・評価，治療のアプローチが取り入れられ，時にはアートは癒しとしても活用される時代を迎えようとしている。アートセラピーの導入が我が国より遅かった隣国の韓国では，主としてアメリカにおけるアートセラピーの流れの影響を強く受けており，学会認定等の形をとったアートセラピストの資格公認の道をとっている。我が国ではこの学会公認が始まったばかりであり，アートセラピーが全国規模で公認されるまでの道程は長いものとなりそうである。

これらアートを媒体にした診断・評価，治療，それに癒しの知見は我が国でも多く集積されてきてはいるが，本格的な学府レベルでの追求は稀薄であったと言える。たしかに臨床場面では多く活用されるようになってきてはいるが，学問的に体系立ち，その成り立ちを含めて理論と実践をまとめてきたとは言いがたく，研究と発表にとどまりがちである。それでも芸術療法として，またアートを使った表現療法として，診断というよりはアートを用いた治療を中心とした内容の成書として刊行されてきている。

監訳者あとがき

　こうしたアートセラピーの潮流は，講習会や研修会において，アートの媒体をいかに診断・評価，治療に結びつけるか，その実際事例を提示しながら進める時，精神科医療従事者，心理相談者，それに学校の養護教諭，スクールカウンセラーの大きな関心を呼ぶところとなってきている。この潮流にあって本書はその内容からして，アートの中でも特に絵・描画を用いた診断・評価と治療について取り上げている。

　さて，本書の原書である *Using Drawings in Assessment and Therapy* の著者の1人であるオスター博士は米国公認サイコロジストであり，原書が刊行された1987年当時，メリーランド州ロックヴィルの地区児童・思春期施設の心理インターンシップ訓練部長の任にあった。共著書として『子どもの心理検査の理解（*Understanding Psychological Testing in Children*）』があり，主として児童・思春期を中心に治療に関わっている。本書は臨床からの多くの知見の上に立ち，しかも豊富な事例を提示しており，博士の臨床での実力発揮ぶりが手にとるようにわかる。

　もう1人の著者であるゴウルド氏は公認アートセラピストであり，修士修得しているアートを診断と治療に大いに活用し，臨床に役立てている。また，メリーランド州カンバーランドにおいてコミュニティ・カウンセリングも行っており，豊富な臨床経験の持ち主である。

　著者2人の理論上はもちろん，臨床経験上の豊かさが本書の内容を堅苦しくさせず，特に事例とその見方，経過を追っての関わり方は，描画を使用していく時に大きな示唆を与えてくれると言えよう。

　本書では精神科医とかサイコロジスト，アートセラピストなどと職種を限らず精神保健専門家（mental health professionals）という名称が使われているが，それは描画の使用を狭く個人心理療法に限ることなく，家族治療，夫婦治療，それにグループ治療まで広く視野に入れていること，そしてそれに関わる専門家には精神保健福祉士（PSW），保健所の保健師，ソーシャルワーカー，それに作業療法士（OT）などが含まれ，彼らとのチームワークや連携が大切であることを示唆しているものと考える。

　精神的な問題を抱えるクライエントの診断・評価と治療に，非言語的な媒体としてのアートが用いられるようになってきている。1人の専門家がひとつのアプローチに熟達することで，クライエントに意義ある診断・評価と治療を行うことは可能であるが，また同時に多くの専門家の協力なしには対応できないことも明白である。その意味で，多面的なアプローチが取り上げられている本書は，専門家になって日の浅い人からベテランまで，幅広い方に非常に役立つと思われる。

　本書の特徴を各章の内容に沿って概略すれば，次のようになる。個人治療としてのアートセラピーに限定せず，アートが精神的問題をかかえる人に有効であるというこれまでの歴史上の経緯を振り返る第1章から始まり，第2章ではアートを用いた診断・評価の過程

と，その中で使用される描画を主とした投影法が具体的に説明されている。次に第3章では，個人心理療法としての絵・描画の使用について，治療に際しての治療者としての態度，治療のためのステップの準備，解釈とクライエントとの関係，転移のこと等，その進め方と留意点が詳しく述べられている。特にデビッドの事例は，彼とセラピスト，そして描画との関係が経過を追って詳しく述べられ，アートを媒体としてどのように関係をとっていくかを深く理解させてくれる。次に第4章になるが，家族システムにおける絵・描画の使用について，一部我が国で合同家族画法として紹介されたクワイアトコウスカ等の手法は当然のこと取り上げられているが，それ以外に夫婦治療の分野まで論述されており，興味深く読める。最後の第5章の集団療法としてのアートの使用は，個人療法としてのアートの使用をその基礎としているが，グループ力動性を活用した臨床場面は実際にこのアートを使う場合に大変役立つと思われるものばかりである。

　なお，全章を通して抽象的論述というよりは具体的で臨床に広く応用できる視点で貫かれている。それに事例が懇切丁寧に多数登場するだけでなく，90を超える描画が紹介され，描画の教示の仕方から作品の見方，クライエントとの関わり方，解釈などわかりやすい。絵・描画を用いたアートの診断・評価，治療を進める上で，テキストとして，また臨床上アートを使用する上での座右の書となると言えよう。

　なお，この全訳を試みて，pictureやpainting，drawing（絵，絵画，描画等）に始まり，clientやpatient，individualをある時はクライエント，ある時は患者，ある時はクライエント個人とするなど，訳出にどう対応していけばよいか苦慮した。また，artは我が国では芸術と訳されることが多いが，そのままに芸術と訳して読者に誤解なく理解していただけるかということもあり，アートという語を訳語にあてた。我が国ではまだ公認レベルに到っていないアートセラピスト（art therapist），アートセラピー（art therapy）も，訳語をあてずにそのままにした。可能な限り著者らの本意を伝えるために訳出に努力したが，まだ非力な我が身では拙訳は至るところ免れがたかった。この邦訳に対して厳しい叱責の言葉を頂戴し，さらなる我が身の勉学にしたいと思っているところである。

　それにしても本書の完訳までに長い年月を費やしてしまった。刊行を心待ちにしてくださっていた読者諸兄姉には，ここで深くお詫び申し上げるしか今はない。また，この年月の間，完訳の刊行のためにいつも励まし，度重なるご迷惑にもかかわらず不満を訴えることもなく日に夜にご協力とご支援をいただいた黎明書房社長武馬久仁裕氏，実に涙ぐましい訳の見直しと深い検討，訳語の統一に絶えざるご尽力をいただいた編集部吉川雅子氏には返す言葉もない。こうして本書をようやく完訳できたのは，訳者の皆様も含めて多くの人の支えがあったからであり深謝する次第である。本書が世の光として皆様の足元を大きく照らすことができれば望外の喜びである。

監訳者　加藤孝正

参考文献

Anastasi, A. *Psychological testing* (5th ed.). New York: Macmillan, 1982.
Appel, K. E. Drawings by children as aids in personality studies. *American Journal of Orthopsychiatry*, 1931, *1*, 129-144.
Axline, V. M. *Play therapy* (rev. ed.). Boston: Houghton Mifflin, 1969.
Bateson, G. *Steps to an ecology of mind*. New York: Ballantine Books, 1972.
Bender, L. *A visual motor gestalt test and its clinical use*. New York: The American Orthopsychiatric Association, 1938.
Betensky, M. *Self-discovery through self-expression*. Springfield, IL: Charles C Thomas, 1973.
Bolander, K. *Assessing personality through tree drawings*. New York: Basic Books, 1977.
Buck, J. N. The H-T-P test. *Journal of Clinical Psychology*, 1948, 4, 151-159.
Burns, R. C., & Kaufman, S. H. *Kinetic family drawings (K-F-D): An introduction to understanding children through kinetic drawing*. New York: Brunner/Mazel, 1970.
Burt, C. *Mental and scholastic tests*. London: P. S. King and Son, 1921.
Cane, F. *The artist in each of us*. New York: Pantheon, 1951.
Caplan, G. *Principles of preventive psychiatry*. New York: Basic Books, 1964.
Cardone, L., Marengo, J., & Calisch, A. Conjoint use of art and verbal techniques for the intensification of the psychotherapeutic group experience. *The Arts in Psychotherapy*, 1982, *9*(4), 263-268.
Corey, G. *Theory and practice of group counseling*. Monterey, CA: Brooks/Cole, 1981.
DiLeo, J. H. *Interpreting children's drawings*. New York: Brunner/Mazel, 1983.
Feder, E., & Feder, B. *The expressive arts therapies: Art, music & dance as psychotherapy*. Englewood Cliffs, NJ: Prentice-Hall, 1981.
Fleshman, B., & Fryrear, J. L. *The arts in therapy*. Chicago: Nelson-Hall, 1981.
Frank, L. K. *Projective methods*. Springfield, IL: Charles C Thomas, 1948.
Freud, S. *New introductory lectures on psychoanalysis*. New York: Norton, 1933.
Freud, S. *The interpretation of dreams*. New York: Basic Books, 1958. (originally published

in 1900).

Gabel, S. The draw a story game: An aid in understanding and working with children. *The Arts in Psychotherapy,* 1984, *11,* 187-196.

Gardner, R. A. *Psychotherapeutic approaches to the resistant child.* New York: Jason Aronson, 1975.

Goodenough, F. L. *Measurement of intelligence by drawings.* New York: Harcourt, Brace & World, 1926.

Gumaer, J. *Counseling and therapy for children.* New York: Macmillan, 1984.

Haley, J. *Strategies of psychotherapy.* New York: Grune & Stratton, 1963.

Haley, J. *Problem-solving therapy.* San Francisco: Jossey-Bass, 1976.

Haley, J. *Leaving home: The therapy of disturbed young people.* New York: McGraw-Hill, 1980.

Hammer, E. F. *Clinical applications of projective drawings.* Springfield, IL: Charles C Thomas, 1967.

Harris, D. B. *Children's drawings as measures of intellectual maturity.* New York: Harcourt, Brace, & World, 1963.

Hathaway, S. R., & Meehl, P. E. *An atlas for the clinical use of the MMPI.* Minneapolis: University of Minnesota Press, 1951.

Jastak, J. F., & Jastak, S. *The Wide Range Achievement Test* (rev. ed.). Wilmington, DE: Jastak Associates, 1978.

Jolles, I *A catalog for the qualitative interpretation of the H-T-P.* Los Angeles: Western Psychological Services, 1971.

Jung, C. G. *The portable Jung.* (Ed. by J. Campbell. Translated by R. F. C. Hull). New York: Viking Press, 1971.

Kellogg, R. *Analyzing children's art.* Palo Alto: Mayfield Publishing, 1970.

Koch, K. *The tree test: The tree-drawing test as an aid in psychodiagnosis.* (2nd ed.) (English translation). Bern: Hans Huber, 1952.

Koppitz, E. M. *Psychological evaluation of children's human figure drawings.* New York: Grune & Stratton, 1968.

Koppitz, E. M. *Psychological evaluation of human figure drawings by middle school pupils.* New York: Grune & Stratton, 1984.

Kramer, E. *Art as therapy with children.* New York: Schocken Books, 1971.

Kris, E. *Psychoanalytic exploration in art.* New York: International Universities Press, 1952.

Kwiatkowska, H. Y. *Family therapy and evaluation through art.* Springfield, IL: Charles C Thomas, 1978.

Landgarten, H. B. *Clinical art therapy: A comprehensive guide.* New York: Brunner/Mazel, 1981.

Lindemann, E. Symptomatology and management of acute grief. *American Journal of Psychiatry,* 1944, *101,* 141-148.

Lyddiatt, E. M. *Spontaneous painting and modeling: A practical approach in therapy.* New York: St. Martin's Press, 1971.

Machover, K. *Personality projection in the drawing of the human figure.* Springfield, IL: Charles C Thomas, 1952.

Madanes, C. *Strategic family therapy.* San Francisco: Jossey-Bass, 1981.

Minuchin, S. *Families and family therapy.* Cambridge, MA: Harvard University Press, 1974.

Minuchin, S., & Fishman, C. *Family therapy techniques.* Cambridge, MA: Harvard University Press, 1981.

Murray, H. A. *Thematic Apperception Test.* Cambridge, MA: Harvard University Press, 1943.

Naumburg, M. *Dynamically oriented art therapy: Its principles and practice.* New York: Grune & Stratton, 1966.

Oaklander, V. *Windows to our children*. Moab, UT: Real People Press, 1978.
Palmer, J. O. *The psychological assessment of children*. New York: Wiley, 1970.
Rhyne, J. *The gestalt art experience*. Monterey, CA: Brooks/Cole, 1973.
Robbins, A., & Sibley, L. B. *Creative art therapy*. New York: Brunner/Mazel, 1976.
Rogers, C. *On becoming a person*. Boston: Houghton-Mifflin, 1961.
Rorschach, H. *Psychodiagnostics*. Bern: Verlag Hans Huber, 1942.
Rubin, J. A. *Child art therapy*. New York: Van Nostrand Reinhold, 1978.
Satir, V. *Conjoint family therapy* (rev. ed.). Palo Alto: Science and Behavior Books, 1967.
Schutz, W. On group composition. *Journal of Abnormal and Social Psychology*, 1961, *62*, 275-281.
Sobol, B. Art therapy and strategic family therapy. *American Journal of Art Therapy*, 1982, *21*, 23-31.
Stone, B. Group art therapy with mothers of autistic children. *The Arts in Psychotherapy*, 1982, *9*, 31-48.
Wadeson, H. *Art psychotherapy*. New York: Wiley, 1980.
Wechsler, D. *Manual for the Wechsler Adult Intelligence Scale-Revised*. New York: Psychological Corporation, 1981.
Winnicott, D. W. *Therapeutic consultations in child psychiatry*. London: Hogarth Press, 1971.
Wolff, W. Projective methods for personality analysis of expressive behavior in preschool children. *Character & Personality*, 1942, *10*, 309-330.
Yalom I. D. *The theory and practice of group psychotherapy*. New York: Basic Books, 1970.

事項索引

<あ行>

アート　14
　──作品　115, 148
　──セラピスト　16
　──の素材　20, 69, 70, 71, 78
　──の役割　130
　──媒体　76, 99
　──表現　13
アイデンティティ　111, 141
悪魔　103
足　49
脚　50
頭　50
雨　82
　──の中の人物画　33
イド　72
イメージ　62
陰影　45, 46
　──づけ　32
ウェクスラー成人知能検査　24
うつ　18, 38
　──病　60
腕　49
エゴ　72, 106
エッチング　13
MMPI　24, 60
煙突　41
大きな手部　32
大きな人物　32
親の連合　110

<か行>

絵画統覚テスト（TAT）　18, 24, 36
解釈　74, 115
外傷体験　46
家屋　26, 40
　──画　26, 40
家屋─樹木─人物画（H-T-P）　38
学習体験　108
　──過程　81
家族画　54, 131
家族絵画評価　118, 121, 127, 131
家族介入　54
家族機能　110
家族システム　109, 113, 141
　──療法　19
　──理論　127
家族治療　17, 91
家族の力動性　57, 112
家族評価　17, 113, 114
肩　50
葛藤　65, 76, 81, 91, 110, 135, 140, 147
壁　42
感情移入　74
幾何学的図形　14
危機介入　85
傷痕　45
極めて小さな人物　32
空想　62, 72, 91, 98, 100, 108
口　50
グッドイナフ─ハリス描画テスト　27
雲　94, 133, 135, 168
グループ・アプローチ　143
グループ体験　149
グループ治療　145
　──の目標　144
グループでの役割　150
クレヨン　20
ゲシュタルト療法　19
元型　15
言語療法　68
行為障害　88
行動観察　27
合同描画　79, 81, 116
個人心理療法　69

<さ行>

祭壇　94, 97
作品　74

サブグループ　111, 112
サブシステム　110, 111
自画像　89, 106, 118, 151
色彩　21
自己開示　144, 149
自己知覚　120
自己同一性　54, 68, 91
自殺　42, 51
　　──企図　33, 85, 160, 165
　　──念慮　88
歯部　32
自閉症　148
地面の線　45
シャッター　42
自由画　57, 59, 121, 127
集団心理療法　144
自由連想　16, 62
　　──画　57
手部の切断　32
樹木　26, 44
　　──画　44
上肢部の省略　32
象徴　78, 108
情緒的葛藤　14, 26
情緒的距離　55, 57
情緒的指標　26, 31, 46, 49
初期インタビュー　130
初期評価　46
身体像　38
診断過程　22
診断目的　59
人物　49
　　──画　24, 29, 31, 49
　　──画テスト　24
シンボル　14, 15, 98, 133
信頼関係　69, 146
心理劇　19
スクリブル　14, 61, 62, 123, 158
　　──技法　155
スコアリング・システム　18, 25
スタンフォード—ビネーテスト　28
ストレス　15, 35, 36
ストレッサー　35, 38
精神分析　15
　　──の動向　16
精神保健専門家の役割　111
精神力動性　121
性的シンボル　45
性的同一性　31, 156

選択性寡黙症　84
戦略的家族治療　129

＜た行＞

退行　76
　　──行為　20
　　──行動　49
対人関係　40, 49
短期治療　85, 86, 87
ダンス　19
知能検査　28
知能指数　28
知能測定法　24
抽象画　116
鳥瞰図　41
長期治療　87
彫刻　13
チョーク　20
治療関係　70, 71, 73, 74, 95
治療上の留意点　70
治療的介入　59, 86
治療的要素　145
治療の初期段階　69, 70
治療の転機　73
転移　78, 103
ドア　41
投影法　18, 25
統合失調症　18, 160
洞察　81
動的家族画　54, 57
導入の描画　160
ドラゴン　103
トレース　18

＜な行＞

内的自我　16
長い上肢部　32
二重拘束　110
認知行動療法　19
認知成熟度　24, 28
根　45
　　──の強調　46
粘土　20
脳機能障害スクリーニング検査法　24

＜は行＞

パステル　20
パラノイア　18
反復性うつ　87

非言語的なアプローチ　114
評価過程　22
描画教示　116, 149, 152, 153, 155
描画のための臨床教示　27
評価目的　23
ファンタジィ　91
フィンガーペインティング　20
風景画　100
フェンス　41
節穴　45
フラストレーション　15, 129
分析療法　19
ベンダーゲシュタルト視覚運動検査　24
防衛　64, 73, 74, 76, 138, 147
　　──機制　36
補助具　18
歩道　42

＜ま行＞

マーカー　20
マーク　14, 25, 62, 64, 65
窓　42
幹　45
短い上肢部　32
溝　41

無意識　15, 69, 118, 135
ムーブメント　19
　　──療法　62
夢想　93
物語遊び画　64
模倣画　25
モンスター　99
問題解決アプローチ　114

＜や行＞

屋根　41
指　50
夢　15, 18
抑圧　81
抑制　75, 76
横目　32
弱々しい線　45

＜ら行＞

リアリティ　91
リーダー　144, 148
理想自己　49
両価的感情　42, 67, 85, 94, 103, 106, 135
ロールシャッハテスト　24, 36
ロールプレイ　143

人名索引

<ア行>

アクスライン, V.M.　69, 73
アナスタシー, A.　18, 19
アペル, K. E.　54
ウィニコット, D.W.　64
ウェクスラー, D.　24
ウォルフ, W.　54

<カ行>

ガードナー, R.A.　64
カードン, L., マレンゴ, J.とキャリッシュ, A.　148
ガベル, S.　64, 65
ガマー, J.　18, 110
キャプラン, G.　87
グッドイナフ, F.L.　24, 28
クリス, E.　15, 72
クレイマー, E.　16, 61
クワイアトコウスカ, H.Y.　17, 118, 119, 120, 121, 123, 127
ケイン, F.　61
ケロッグ, R.　14
コーリー, G.　144, 145, 147
コッホ, K.　44
コピッツ, E.M.　25, 26, 31

<サ行>

サティア, V.　109
ジャスタク, J.F.とジャスタク, S.　24
シュッツ, W.　147
ジョールス, I.　40, 49
ストーン, B.　148
ソボル, B.　129, 130

<タ行>

ディレオ, J. H.　40, 54

<ナ行>

ナウムバーグ, M.　16, 59

<ハ行>

バート, C.　13
パーマー, J.O.　28
ヘイリー, J.　130
バーンズ, R.C.とカウフマン, S.H.　54
ハサウェイ, S.R.とミール, P.E.　24
バック, J.N.　26, 38
バテソン, G.　110
ハマー, E.F.　26, 29, 31, 33, 40
ハリス, D.B.　25, 27, 28, 29, 54
フェダー, E.とフェダー, B.　13
フロイト, S.　14, 15, 18
ベテンスキー, M.　20, 21
ベンダー, L.　24
ボランダー, K.　44

<マ行>

マコーバー, K.　26, 29, 31
マダネス, C.　112
マレー, H.A.　18, 24
ミヌチン, S.　110, 111
ミヌチン, S.とフィッシュマン, C.　111, 112

<ヤ行>

ヤロム, I.D.　144, 145, 147
ユング, C.G.　15

<ラ行>

ライン, J.　17
ランドガーテン, H.B.　114, 115, 121, 127, 157, 159
リンデマン, E.　87
ルビン, J.A.　78, 114, 115, 119, 121, 127
ロールシャッハ, H.　21, 24
ロジャース, C.　73, 74
ロビンズ, A.とシブレー, L.B.　16

<ワ行>

ワデソン, H.　17, 18, 20, 21, 114, 116, 146, 148

監訳者紹介
加藤孝正
1959年南山大学文学部卒業。その後研究生，米国イオンド大学名誉博士。現在，同朋大学社会福祉学部教授，同人間福祉研究科大学院教授，三重県津市立一身田中学校スクールカウンセラー，社会福祉法人親愛の里理事長，愛知県豊田市社会福祉審議会委員・法人施設専門分科会会長，学校法人同朋学園理事，日本描画テスト・描画療法学会理事，アートセラピー研究会代表。
著書：『知恵おくれの生理と療育』（青木書店，1987），『新しい養護原理』（編著，ミネルヴァ書房，1997），他。
訳書：『精神医学的作業療法』（医学書院，1966），『子どもの家族画診断』（共訳，黎明書房，1975），『心身障害児の絵画療法』（共訳，黎明書房，2004），『HTP診断法』（共訳，新曜社，1982），他。

訳者紹介
谷口英治（たにぐち　えいじ）
1971年関西外国語大学外国語学部卒業，1979年国立療養所近畿中央病院附属リハビリテーション学院卒業，1982年米国ウエイン・ステイト大学修士取得。現在，埼玉県立大学保健医療福祉学部教授。
著書：『図解・作業療法技術ガイド』（共著，文光堂，2003），『標準作業療法学―作業療法評価学』（共著，医学書院，2005），他。
訳書：『精神系作業療法の評価過程』（共訳，共同医書出版社，1996），『作業科学』（共訳，三輪書店，1999）。

山﨑一馬（やまさき　かずま）
1973年関西大学文学部卒業，家庭裁判所調査官補試験合格。現在，大阪家庭裁判所堺支部次席家裁調査官。
著書等：「間の調整機能としての描画法」（家族描画法ハンドブック，矯正協会，2002），「言語の添え木としての描画療法」（臨床描画研究　Vol.19，北大路書房，2004），『あしたてんきになあれ』（共著，未知谷，2005），他。

野尻久雄（のじり　ひさお）
1972年駒澤大学文学部卒業。国立療養所鈴鹿病院厚生技官，国立療養所静澄病院厚生技官指導主任の後，社会福祉法人親愛の里松川の施設長。非常勤講師として国立三重大学教育学部，鈴鹿オフィスワーク医療福祉専門学校。長野県教育委員会よりスクール・カウンセラーとして飯田市および高森町の中学校へ配置。臨床心理士。日本心理臨床学会，日本描画テスト・描画療法学会等に所属し，スモン患者，難病の子どもに関するQOL等の研究，入院児童への描画アプローチの実践的研究を行った。2001年逝去。

描画心理学双書⑧　描画による診断と治療

2005年9月15日　初版発行

監訳者	加藤孝正
発行者	武馬久仁裕
印　刷	舟橋印刷株式会社
製　本	株式会社 渋谷文泉閣

発行所　　株式会社　黎明書房

〒460-0002　名古屋市中区丸の内3-6-27 EBSビル　☎052-962-3045
FAX052-951-9065　振替・00880-1-59001
〒101-0051　東京連絡所・千代田区神田神保町1-32-2
南部ビル302号　　☎03-3268-3470

落丁本・乱丁本はお取替します。　　　ISBN4-654-00038-0
2005, Printed in Japan

K. マコーバー著　深田尚彦訳	人物画の解釈に基づく性格分析の体系化を初

人物画への性格投影
描画心理学双書①

　　　　　　　Ａ５判・172頁　　3000円

めて成し遂げ，今なお多くの心理学者を刺激してやまない，多くの研究成果をもたらした描画心理学研究の源泉的名著。新装版。

R.C. バアンズ・S.H. カウフマン著　加藤孝正他訳

子どもの家族画診断
描画心理学双書②

　　　　　　　Ａ５判・320頁　　5700円

子どもの描いた家族の絵により，複雑な家族状況の中に生活する子どもの屈折した感情と人間関係を，鮮やかに分析・診断する動的家族描画法を，事例を交え詳述。新装版。

ローダ・ケロッグ著　深田尚彦訳

児童画の発達過程
描画心理学双書③

　　　　　　　Ａ５判・323頁　　5700円

なぐり描きからピクチュアへ／なぐり描きから，いくつかの基本的な形を経てマンダラへと発展する，児童画の初期形成に関する世界的名著。新装版。

ヘルガ・エング著　深田尚彦訳

子どもの描画心理学
描画心理学双書④

　　　　　Ａ５判・240頁（カラー口絵９頁）　5000円

初めての線描き（ストローク）から，８歳時の色彩画まで／子どもの絵画表現と精神発達の関係を，１人の子どもの描画の継続的観察と心理学的解釈により論じる。

扇田博元著

絵による児童診断ハンドブック
描画心理学双書⑤

　　　　　Ａ５判・304頁（カラー口絵11頁）　5900円

幼児，小学生，中学生，障害児などの絵から個々の子どもの性格や創造性，能力の発達特性を診断・指導する方法を詳説。主な描画による診断法の概略と指導法も紹介。新装版。

W. ヴィオラ著　久保貞次郎・深田尚彦訳

チィゼックの美術教育
描画心理学双書⑥

　　　　　Ａ５判・301頁（口絵13頁）　5700円

子どもの自由な思いを抑えつづけてきた児童美術教育の世界に徹底した自由主義を打ち立てた，教育的天才チィゼックの全体像を語る唯一の書。新装版。

浅利　篤監修　日本児童画研究会編著

原色　子どもの絵診断事典
描画心理学双書⑦

　　　　　　　Ｂ５判・183頁　　8800円

色彩・構図・形態の３つの標識によって絵を言葉に置き換え，幼児から小学生，中学生までの絵を読み解く方法を，オールカラーで示す。新装版。

J. ヘイリー著　高石　昇訳

戦略的心理療法
精神医学選書①

　　　　　　　Ａ５判・242頁　　4500円

ミルトン・エリクソン心理療法のエッセンス／各派の心理療法を対人関係理論を通して考察し，共通に持つ戦略を明確にする。家族療法にも好指針を与える。新装版。

L. カナー著　十亀史郎・斉藤聡明・岩本　憲訳

幼児自閉症の研究
精神医学選書②

　　　　　　　Ａ５判・336頁　　7500円

自閉症研究の先駆者であるカナーの，1943年の「情動的交流の自閉症障害」をはじめ1973年までの主要論文16編を収録。カナーの全貌を示す貴重な論文集。新装版。

表示価格は本体価格です。別途消費税がかかります。

| M. S. マーラー他著　高橋雅士他訳 | **母子共生と個体化**／乳幼児が母親と別個の個体として心理的に誕生していく"分離—個体化"過程を，長期にわたる観察と臨床研究により克明に追究する。新装版。 |

乳幼児の心理的誕生
精神医学選書③

　　　　　　Ａ５判・352頁　6200円

浜畑　紀著

色彩生理心理学
精神医学選書④

　　　　　　Ａ５判・183頁　4200円

子どもが自らの内にあるプリズムによって分光し，表出するスペクトルは人間の心理・行動を解く鍵。児童画の分析をもとに，色彩に現れた人間存在の総体を解明する。新装版。

E. クレイマー著　徳田良仁・加藤孝正訳

心身障害児の絵画療法
精神医学選書⑤

　　　　　　Ａ５判・258頁　5500円

情緒的・社会的障害のある子どもたちの治療に芸術を用いた著者が，彼らの絵の発達と心の成長の過程を，豊富な事例を通して科学と芸術の両面から解明する。新装版。

J. ウォルピ著　内山喜久雄監訳

神経症の行動療法
精神医学選書⑥

　　　　　　Ａ５判・521頁　9800円

新版・行動療法の実際／抑うつ，心身症，性的逸脱，肥満などについての見解を盛り込みながら，不安，神経症とその周辺について詳しく論究。新装版。

W. ミッシルダイン著　泉　ひさ訳

幼児的人間
心理学選書③

　　　　　　四六判・366頁　3800円

あなたの内なる過去の子ども／孤独感，性問題などの原因を内なる幼児性とそれに対する緊張・葛藤の中に求め，バランスの取れた不安のない幸福な生活実現の道を示す。新装版。

W. グレツィンゲル著　鬼丸吉弘訳

なぐり描きの発達過程
心理学選書⑥

　　　　　　四六判・191頁　2500円

幼児の造形表現が視覚，触覚，運動感覚，呼吸など全身的体験に基づくことを実証的に解明し，「両手描き」の技法とともに，ヨーロッパの美術教育を一変させた名著。新装版。

香川　勇・長谷川　望編著

原色　色彩語事典

　　　　　　Ｂ５判・164頁　2800円

色の単語・色の熟語／子どもの絵，名前，映画，歴史，デザイン，流行などに現れた「色」に秘められた深層的なメッセージを読み解く画期的なハンドブック。新装・大判化。

香川　勇・長谷川　望著

子どもの絵が訴えるものとその意味

　　　Ａ５判・192頁（カラー口絵８頁）　2000円

幼稚園児，小・中学生の数々の絵を取り上げ，子どもたちは絵を通してどのように心の内を表現するかを，成長をふまえて解き明かす。『色彩とフォルム』改訂・解題。

H. ガードナー著　仲瀬律久・森島　慧訳

芸術，精神そして頭脳

　　　　　　Ａ５判・474頁　11000円

創造性はどこから生まれるか／発達心理学の構築をめざした鬼才ガードナーの名著の完訳。偉大な学者たち／子どもの芸術的発達／教育とメディア／頭脳の崩壊／他。

表示価格は本体価格です。別途消費税がかかります。